CONSIDÉRATIONS

SUR

LA FRANCE.

CONSIDÉRATIONS

SUR

LA FRANCE,

Par M. le Comte J^{ph}. DE MAISTRE,

ANCIEN MINISTRE PLÉNIPOTENTIAIRE DE S. M. LE ROI DE SARDAIGNE PRÈS S. M. L'EMPEREUR DE RUSSIE,

Ministre d'Etat, Régent de la grande Chancellerie, Membre de l'Académie royale des Sciences de Turin, Chevalier Grand'Croix de l'Ordre religieux et militaire de Saint-Maurice et de Saint-Lazare.

NOUVELLE ÉDITION,

> Dasne igitur hoc nobis, Deorum immortalium naturâ, ratione, potestate, mente, numine, sive quod est aliud verbum quo planiùs significem quod volo, naturam omnem divinitùs regi ? Nam si hoc non probas, à Deo nobis causa ordienda est potissimùm.
> Cic. *De Leg. I*, 18.

A LYON,
CHEZ RUSAND, LIBRAIRE, IMPRIMEUR DU ROI.

A PARIS,
A LA LIBRAIRIE ECCLÉSIASTIQUE DE RUSAND,
Rue du Pot-de-Fer St-Sulpice, n. 8.

1829.

AVERTISSEMENT DE L'ÉDITEUR.

Un des ouvrages les plus remarquables qui aient paru pendant le cours de la révolution française, est sans contredit celui de M. le comte de Maistre, ayant pour titre *Considérations sur la France*. Nul avant lui n'avoit envisagé les diverses phases de cette terrible époque avec autant de justesse et de profondeur, et précisé avec cette force de raisonnement et cette netteté d'expressions qui le distinguent, les causes des désastres que nous avons éprouvés ; personne surtout n'avoit si bien montré les voies de la Providence, et préjugé la fin de ce bouleversement général. Quand on se rappelle que M. de Maistre a écrit en 1796, et qu'on jette les yeux sur les évènemens qui se sont succédés depuis, on ne sait qu'admirer le plus, ou de sa sagacité à juger la marche des institutions humaines, ou de cet esprit essentiellement religieux qui, en rapportant tout à la puissance éternelle, trouve dans l'impiété et la corruption des peuples, le principe réel des commotions politiques qu'ils ressentent, et dans le retour aux saines doctrines, le seul remède à leurs maux. Ce n'est pas en effet avec une philosophie toute matérielle qu'il est possible d'expliquer de si grandes infortunes, mais bien avec cette philosophie chrétienne et consolante, qui pénètre la conscience de l'homme, et lui montre à découvert les véritables causes de la décadence des empires et des guerres civiles.

Les deux premières éditions de cet ouvrage furent publiées à Lausanne en 1796 : elles furent bientôt épuisées. En 1797 il en parut une troisième à Bâle, et l'auteur en préparoit une nouvelle à l'époque du 18 fructidor, pour la répandre en France, suivant les intentions du Roi, ce que les circonstances ne permirent pas d'exécuter. Enfin, en 1814 l'ouvrage fut réimprimé à Paris; mais cette édition faite sans la participation de M. de Maistre, et fort incorrecte d'ailleurs, offre beaucoup d'augmentations et de retranchemens qui n'entroient pas dans ses vues.

Celle que nous offrons est telle que l'auteur la désiroit, et nous avons obtenu de M.me la comtesse de Maistre, l'autorisation d'y insérer une lettre adressée à son mari par un gentilhomme russe, auquel il avoit envoyé un exemplaire des *Considérations sur la France.* Bien que cette lettre ait été écrite en 1814, elle n'en présente pas moins d'intérêt : il semble même qu'elle en acquiert davantage par suite des évènemens qui alors avoient réalisé les vues de l'auteur et donné à son livre le caractère, pour ainsi dire, d'une prophétie accomplie.

Monsieur le Comte,

J'ai l'honneur de vous renvoyer votre ouvrage sur la France. Cette lecture a produit sur moi une sensation si vive, que je ne puis m'empêcher de vous communiquer les idées qu'elle a fait naître.

Votre ouvrage, monsieur le Comte, est un axiôme de la classe de ceux qui ne se prouvent pas, parce qu'ils n'ont pas besoin de preuve; mais qui se sentent, parce qu'ils sont des rayons de la science naturelle. Je m'explique; quand on me dit : « Le carré de l'hypothénuse » est égal à la somme des carrés construits sur les deux » côtés du triangle rectangle, » j'en demande la démonstration, je la suis, et je me laisse convaincre. Mais quand on s'écrie: « Il est un Dieu! » ma raison le voit ou se perd dans une foule d'idées, mais mon ame le sent invinciblement. Il en est de même des grandes vérités dont votre ouvrage est rempli. Ces vérités sont d'un ordre élevé. Ce livre n'est point, comme on me l'a défini avant que je l'aie lu, *un bon ouvrage de circonstance*, mais ce sont les circonstances qui ont dicté le seul bon ouvrage que j'ai trouvé sur la révolution française.

Le *Moniteur* est le développement le plus volumineux de votre livre. C'est là où sont consignés les efforts des hommes en actions et en paroles, et la nullité de ces efforts. S'il y avoit un titre philosophique à donner au *Moniteur*, je le nommerois volontiers « Recueil de la sagesse

» *humaine et preuve de son insuffisance.* » Votre livre, le *Moniteur*, l'histoire, sont le développement de ce proverbe devenu commun, mais qui renferme en lui la loi la plus féconde en applications et en conséquences : « L'homme propose et Dieu dispose. »

Oui, l'homme ne peut que proposer; c'est une immense vérité. La faculté de combiner a été laissée à l'homme avec la puissance du libre arbitre; mais les évènemens ont été soustraits à son pouvoir, et leur marche n'obéit qu'à la main créatrice. C'est donc en vain que les hommes s'agitent et *délibèrent*, pour gouverner ou être gouvernés de telle ou telle manière. Les nations sont comme les particuliers ; elles peuvent s'agiter, mais non se constituer. Quand aucun principe divin ne préside à leurs efforts, les convulsions politiques sont le résultat de leur libre volonté; mais le pouvoir de s'organiser n'est point une puissance humaine : l'ordre dérive de la source de tout ordre.

L'époque de la révolution française est une grande époque, c'est l'âge de l'homme et de la raison. La fin est aussi digne de remarque : c'est la main de Dieu et le siècle de la foi. Du fond de cette immense catastrophe, je vois sortir une leçon sublime aux peuples et aux rois. C'est un exemple donné pour ne pas être imité. Il rentre dans la classe des grandes plaies dont a été frappé le genre humain, et forme la suite de votre éloquent chapitre qui traite de la destruction violente de l'espèce humaine. Ce chapitre, à lui seul, est un ouvrage; il est digne de la plume de Bossuet.

La partie prophétique de l'ouvrage m'a également frappé. Voilà ce que c'est que d'étudier d'une manière spéculative en Dieu : ce qui n'est pour la raison qu'une conséquence obscure, devient révélation. Tout se comprend, tout s'explique quand on remonte à la grande cause. Tont se devine, quand on se base sur elle.

Vous m'avez fait l'honneur de me dire que dans le moment où je vous écris, on s'occupe à réimprimer cet ouvrage à Paris. Certainement il sera très-utile tel qu'il est; mais si vous me permettez de vous dire mon opinion, je vous ferai une seule observation. Je parts de ce principe, votre ouvrage est un ouvrage classique qu'on ne sauroit trop étudier; il est classique pour la foule d'idées profondes et grandes qu'il contient. Il est de circonstance par un ou deux chapitres, nommément celui qui traite de la *Déclaration du Roi de France*, *en* 1795. Ces chapitres ont été faits pour l'année 1797 où l'on croyoit à la contre-révolution. Maintenant quelle foule d'idées nouvelles se présentent! quelles grandes conséquences l'histoire ne fournit-elle pas à vos principes! Cette révolution concentrée en une seule tête et tombée avec elle: la main de Dieu qui a sanctifié jusqu'aux fautes des alliés; cette stupeur répandue sur une nation jadis si active et si terrible; ce Roi inconnu dans Paris, jusqu'à la veille de notre entrée; ce grand général vaincu dans son art même; cette génération nouvelle, élevée dans les principes de la nouvelle dynastie; cette noblesse factice, qui devoit être son premier appui, et qui a été la première à l'abandonner; l'Eglise fatiguée et haletante des coups qui lui ont été portés; son chef abaissé jusqu'à sanctifier l'usurpation, et élevé depuis à la puissance du martyre; le génie le plus vigoureux, armé de la force la plus terrible, employé vainement à consolider l'édifice des hommes: voilà le tableau que je voudrois voir tracé par votre plume, et qui seroit la démonstration évidente des principes que vous avez posés. Je voudrois le voir à la place de ces chapitres que je vous ai indiqués, et alors l'ouvrage présenteroit au lecteur attentif les causes et les effets, les actions des hommes et la réaction divine. Mais il n'appartient qu'à vous, monsieur le Comte, d'entreprendre cette péroraison frappante sur vos propres principes. Ce que j'ai pris la liberté d'esquisser ici, peut devenir sous votre main un recueil de vérités sublimes; et si j'ai réussi par cette lettre à vous encourager à ce grand travail, je croirois par cela seul avoir mérité de ceux qui lisent pour s'instruire.

Quant à moi, je me borne à faire des vœux pour que vous voulussiez bien, par un nouvel *Essai*, me procurer de nouveau la puissance de m'éclairer, persuadé qu'il ne sortira rien de votre plume qui ne soit plein de grandes et de fortes leçons.

Je vous prie d'agréer les assurances de la haute considération et du profond respect avec lesquels j'ai l'honneur d'être,

Monsieur le Comte ;

De votre Excellence,

Le très-humble et très-obéissant serviteur,

M. O.....

Général au service de S. M. l'empereur de toutes les Russies.

Saint-Pétersbourg, ce 24 décembre 1814.

CONSIDÉRATIONS
SUR
LA FRANCE.

CHAPITRE PREMIER.

DES RÉVOLUTIONS.

Nous sommes tous attachés au trône de l'Etre Suprême par une chaîne souple, qui nous retient sans nous asservir.

Ce qu'il y a de plus admirable dans l'ordre universel des choses, c'est l'action des êtres libres sous la main divine. Librement esclaves ils opèrent tout à la fois volontairement et nécessairement : ils font réellement ce qu'ils veulent, mais sans pouvoir déranger les plans généraux. Chacun de ces êtres occupe le centre d'une sphère d'activité dont le diamètre varie au gré de *l'éternel géomètre*, qui sait étendre, restreindre, arrêter ou diriger la volonté, sans altérer sa nature.

Dans les ouvrages de l'homme, tout est

pauvre comme l'auteur; les vues sont restreintes, les moyens roides, les ressorts inflexibles, les mouvemens pénibles, et les résultats monotones. Dans les ouvrages divins, les richesses de l'infini se montrent à découvert jusque dans le moindre élément ; sa puissance opère en se jouant : dans ses mains tout est souple, rien ne lui résiste ; pour elle tout est moyen, même l'obstacle : et les irrégularités produites par l'opération des agens libres, viennent se ranger dans l'ordre général.

Si l'on imagine une montre dont tout les ressorts varieroient continuellement de force, de poids, de dimension, de forme et de position : et qui montreroit cependant l'heure invariablement, on se formera quelque idée de l'action des êtres libres relativement aux plans du Créateur.

Dans le monde politique et moral, comme dans le monde physique, il y a un ordre commun, et il y a des exceptions à cet ordre. Communément nous voyons une suite d'effets produits par les mêmes causes ; mais à certaines époques, nous voyons des actions suspendues, des causes paralysées et des effets nouveaux.

Le *miracle* est un effet produit par une cause

divine ou surhumaine, qui suspend ou contredit une cause ordinaire. Que dans le cœur de l'hiver, un homme commande à un arbre, devant mille témoins, de se couvrir subitement de feuilles et de fruits, et que l'arbre obéisse, tout le monde criera au miracle et s'inclinera devant le thaumaturge. Mais la révolution française, et tout ce qui se passe en Europe dans ce moment, est tout aussi merveilleux, dans son genre, que la fructification instantanée d'un arbre au mois de janvier : cependant les hommes, au lieu d'admirer, regardent ailleurs ou déraisonnent.

Dans l'ordre physique, où l'homme n'entre point comme cause, il veut bien admirer ce qu'il ne comprend pas ; mais dans la sphère de son activité, où il sent qu'il est cause libre, son orgueil le porte aisément à voir le *désordre* partout où son action est suspendue ou dérangée.

Certaines mesures qui sont au pouvoir de l'homme, produisent régulièrement certains effets dans le cours ordinaire des choses ; s'il manque son but, il sait pourquoi, ou croit le savoir ; il connoît les obstacles, il les apprécie, et rien ne l'étonne.

Mais dans les temps de révolutions, la chaîne

qui lie l'homme se raccourcit brusquement, son action diminue, et ses moyens le trompent. Alors entraîné par une force inconnue, il se dépite contre elle, et au lieu de baiser la main qui le serre, il la méconnoît ou l'insulte.

Je n'y comprends rien, c'est le grand mot du jour. Ce mot est très-sensé, s'il nous ramène à la cause première qui donne dans ce moment un si grand spectacle aux hommes : c'est une sottise, s'il n'exprime qu'un dépit ou un abattement stérile.

« Comment donc (s'écrie-t-on de tous
» côtés)? les hommes les plus coupables de
» l'univers triomphent de l'univers ! Un régi-
» cide affreux a tout le succès que pouvoient
» en attendre ceux qui l'ont commis ! La mo-
» narchie est engourdie dans toute l'Europe !
» Ses ennemis trouvent des alliés jusque sur
» les trônes ! Tout réussit aux méchans ! les
» projets les plus gigantesques s'exécutent
» de leur part sans difficulté, tandis que le
» bon parti est malheureux et ridicule dans
» tout ce qu'il entreprend ! L'opinion pour-
» suit la fidélité dans toute l'Europe ! Les
» premiers hommes d'état se trompent inva-
» riablement ! les plus grands généraux sont
» humiliés ! etc. »

Sans doute, car la première condition d'une révolution décrétée, c'est que tout ce qui pouvoit la prévenir n'existe pas, et que rien ne réussisse à ceux qui veulent l'empêcher. Mais jamais l'ordre n'est plus visible, jamais la Providence n'est plus palpable, que lorsque l'action supérieure se substitue à celle de l'homme et agit toute seule. C'est ce que nous voyons dans ce moment.

Ce qu'il y a de plus frappant dans la révolution française, c'est cette force entraînante qui courbe tous les obstacles. Son tourbillon emporte comme une paille légère tout ce que la force humaine a su lui opposer : personne n'a contrarié sa marche impunément. La pureté des motifs a pu illustrer l'obstacle, mais c'est tout ; et cette force jalouse, marchant invariablement à son but, rejette également Charette, Dumouriez et Drouet.

On a remarqué, avec grande raison, que la révolution française mène les hommes plus que les hommes ne la mènent. Cette observation est de la plus grande justesse; et quoiqu'on puisse l'appliquer plus ou moins à toutes les grandes révolutions, cependant elle n'a jamais été plus frappante qu'à cette époque.

Les scélérats même qui paroissent conduire

la révolution, n'y entrent que comme de simples instrumens; et dès qu'ils ont la prétention de la dominer, ils tombent ignoblement. Ceux qui ont établi la république, l'ont fait sans le vouloir et sans savoir ce qu'ils faisoient; ils y ont été conduits par les évènemens : un projet antérieur n'auroit pas réussi.

Jamais Robespierre, Collot ou Barère, ne pensèrent à établir le gouvernement révolutionnaire et le régime de la terreur; ils y furent conduits insensiblement par les circonstances, et jamais on ne reverra rien de pareil. Ces hommes excessivement médiocres, exercèrent sur une nation coupable le plus affreux despotisme dont l'histoire fasse mention, et sûrement ils étoient les hommes du royaume les plus étonnés de leur puissance.

Mais au moment même où ces tyrans détestables eurent comblé la mesure de crimes nécessaire à cette phase de la révolution, un souffle les renversa. Ce pouvoir gigantesque, qui faisoit trembler la France et l'Europe, ne tint pas contre la première attaque; et comme il ne devoit y avoir rien de grand, rien d'auguste dans une révolution toute criminelle, la Providence voulut que le premier coup fût porté par des *septembriseurs*, afin que la justice même fût infâme (1).

Souvent on s'est étonné que des hommes plus que médiocres aient mieux jugé la révolution française que des hommes du premier talent ; qu'ils y aient cru fortement, lorsque des politiques consommés n'y croyoient point encore. C'est que cette persuasion étoit une des pièces de la révolution, qui ne pouvoit réussir que par l'étendue et l'énergie de l'esprit révolutionnaire, ou s'il est permis de s'exprimer ainsi, par la *foi* à la révolution. Ainsi, des hommes sans génie et sans connoissances ont fort bien conduit ce qu'ils appeloient *le char révolutionnaire* ; ils ont tout osé sans crainte de la contre-révolution ; ils ont toujours marché en avant, sans regarder derrière eux ; et tout leur a réussi ; parce qu'ils n'étoient que

---

(1) Par la même raison, l'honneur est déshonoré. Un journaliste (le Républicain) a dit avec beaucoup d'esprit et de justesse : « *Je comprends fort bien comment on » peut dépanthéoniser Marat, mais je ne concevrai ja- » mais comment on pourra démaratiser le Panthéon.* » On s'est plaint de voir le corps de Turenne oublié dans le coin d'un *muséum*, à côté du squelette d'un animal : quelle imprudence ! il y en avoit assez pour faire naître l'idée de jeter au Panthéon ces restes vénérables.

les instrumens d'une force qui en savoit plus qu'eux. Ils n'ont pas fait de fautes dans leur carrière révolutionnaire, par la raison que le flûteur de Vaucanson ne fit jamais de notes fausses.

Le torrent révolutionnaire a pris successivement différentes directions; et les hommes les plus marquans dans la révolution n'ont acquis l'espèce de puissance et de célébrité qui pouvoit leur appartenir, qu'en suivant le cours du moment : dès qu'ils ont voulu le contrarier ou seulement s'en écarter en s'isolant, en travaillant trop pour eux, ils ont disparu de la scène.

Voyez ce Mirabeau qui a tant marqué dans la révolution : au fond, c'étoit *le roi de la halle.* Par les crimes qu'il a faits, et par ses livres qu'il a fait faire, il a secondé le mouvement populaire : il se mettoit à la suite d'une masse déjà mise en mouvement, et la poussoit dans le sens déterminé ; son pouvoir ne s'étendit jamais plus loin : il partageoit avec un autre héros de la révolution le pouvoir d'agiter la multitude, sans avoir celui de la dominer, ce qui forme le véritable cachet de la médiocrité dans les troubles politiques. Des factieux moins brillans, et en effet plus habiles et plus puissans que lui, se servoient de son influence pour leur profit. Il tonnoit à la tribune, et il étoit leur dupe. Il disoit en mourant, *que s'il avoit vécu, il auroit rassemblé les pièces éparses de la monarchie;* et lorsqu'il avoit voulu, dans le moment de sa plus grande influence, viser seulement au ministère, ses subalternes l'avoient repoussé comme un enfant.

Enfin, plus on examine les personnages en apparence les plus actifs de la révolution, et plus on trouve en eux quelque chose de passif et de mécanique. On ne sauroit trop le répéter, ce ne sont point les hommes qui mènent la révolution; c'est la révolution qui emploie les hommes. On dit fort bien, quand on dit qu'*elle va toute seule.* Cette phrase signifie que jamais la Divinité ne s'étoit montrée d'une manière si claire dans aucun évènement humain. Si elle emploie les instrumens les plus vils, c'est qu'elle punit pour régénérer.

CHAPITRE II.

CONJECTURES SUR LES VOIES DE LA PROVIDENCE DANS LA RÉVOLUTION FRANÇAISE.

Chaque nation, comme chaque individu, a reçu une mission qu'elle doit remplir. La France exerce sur l'Europe une véritable magistrature, qu'il seroit inutile de contester, dont elle a abusé de la manière la plus coupable. Elle étoit surtout à la tête du système religieux, et ce n'est pas sans raison que son Roi s'appeloit *très-chrétien* : Bossuet n'a rien dit de trop sur ce point. Or, comme elle s'est servie de son influence pour contredire sa vocation et démoraliser l'Europe, il ne faut pas être étonné qu'elle y soit ramenée par des moyens terribles.

Depuis long-temps on n'avoit vu une punition aussi effrayante, infligée à un aussi grand nombre de coupables. Il y a des innocens, sans doute, parmi les malheureux, mais il y en a bien moins qu'on ne l'imagine communément.

Tous ceux qui ont travaillé à affranchir le

peuple de sa croyance religieuse ; tous ceux qui ont opposé des sophismes métaphysiques aux lois de la propriété; tous ceux qui ont dit: *Frappez, pourvu que nous y gagnions ;* tous ceux qui ont touché aux lois fondamentales de l'état; tous ceux qui ont conseillé, approuvé, favorisé les mesures violentes employées contre le Roi, etc.; tous ceux-là ont voulu la révolution, et tous ceux qui l'ont voulue en ont été très-justement les victimes, même suivant nos vues bornées.

On gémit de voir des savans illustres tomber sous la hache de Robespierre. On ne sauroit humainement les regretter trop ; mais la justice divine n'a pas le moindre respect pour les géomètres ou les physiciens. Trop de savans français furent les principaux auteurs de la révolution ; trop de savans français l'aimèrent et la favorisèrent, tant qu'elle n'abattit, comme le bâton de Tarquin, que les têtes dominantes. Ils disoient comme tant d'autres : *Il est impossible qu'une grande révolution s'opère sans amener des malheurs.* Mais lorsqu'un philosophe se console de ces malheurs en vue des résultats ; lorsqu'il dit dans son cœur : *Passe pour cent mille meurtres, pourvu que nous soyons libres ;* si la Providence lui répond : *J'accepte ton approbation, mais tu feras nombre*, où est l'injustice ? Jugerions-nous autrement dans nos tribunaux ?

Les détails seroient odieux ; mais qu'il est peu de Français, parmi ceux qu'on appelle *victimes innocentes de la révolution*, à qui leur conscience n'ait pu dire :

> Alors, de vos erreurs voyant les tristes fruits,
> Reconnoissez les coups que vous avez conduits.

Nos idées sur le bien et le mal, sur l'innocent et le coupable, sont trop souvent altérées par nos préjugés. Nous déclarons coupables et infâmes deux hommes qui se battent avec un fer long de trois pouces ; mais si le fer a trois pieds, le combat devient honorable. Nous flétrissons celui qui vole un *centime* dans la poche de son ami ; s'il ne lui prend que sa femme, ce n'est rien. Tous les crimes brillans qui supposent un développement de qualités grandes ou aimables ; tous ceux surtout qui sont honorés par le succès, nous les pardonnons, si même nous n'en faisons pas des vertus ; tandis que les qualités brillantes qui environnent le coupable, le noircissent aux yeux de la véritable justice, pour qui le plus grand crime est l'abus de ses dons.

Chaque homme a certains devoirs à remplir, et l'étendue de ses devoirs est relative à sa position civile et à l'étendue de ses moyens. Il s'en faut de beaucoup que la même action soit également criminelle de la part de deux hommes donnés. Pour ne pas sortir de notre objet, tel acte qui ne fut qu'une erreur ou un trait de folie de la part d'un homme obscur, revêtu brusquement d'un pouvoir illimité pouvoit être un forfait de la part d'un évêque ou d'un duc et pair.

Enfin il est des actions excusables, louables même suivant les vues humaines, et qui sont dans le fond infiniment criminelles. Si l'on nous dit, par exemple : *J'ai embrassé de bonne foi la révolution française, par un amour pur de liberté et de ma patrie; j'ai cru en mon ame et conscience qu'elle amèneroit la réforme des abus et le bonheur public;* nous n'avons rien à répondre. Mais l'œil, pour qui tous les cœurs sont diaphanes, voit la fibre coupable; il découvre dans une brouillerie ridicule, dans un petit froissement de l'orgueil, dans une passion basse ou criminelle, le premier mobile de ces résolutions qu'on voudroit illustrer aux yeux des hommes; et pour lui le mensonge de l'hypocrisie greffée sur la trahison est un crime de plus. Mais parlons de la nation en général.

Un des plus grands crimes qu'on puisse commettre, c'est sans doute l'attentat contre la *souveraineté*, nul n'ayant des suites plus terribles. Si la souveraineté réside sur une tête, et que cette tête tombe victime de l'attentat, le crime augmente d'atrocité. Mais si ce souverain n'a mérité son sort par aucun crime, si ses vertus même ont armé contre lui la main des coupables, le crime n'a plus de nom. A ces traits on reconnoît la mort de Louis XVI ; mais ce qu'il est important de remarquer ; c'est que *jamais un plus grand crime n'eut plus de complices*. La mort de Charles I.er en eut bien moins, et cependant il étoit possible de lui faire des reproches que Louis XVI ne mérita point. Cependant on lui donna des preuves de l'intérêt le plus tendre et le plus courageux ; le bourreau même, qui ne faisoit qu'obéir, n'osa pas se faire connoître. En France, Louis XVI marcha à la mort au milieu de 60,000 hommes armés, qui n'eurent pas un coup de fusil pour *Santerre :* pas une voix ne s'éleva pour l'infortuné monarque, et les provinces furent aussi muettes que la capitale. *On se seroit exposé*, disoit-on. Français ! si vous trouvez cette raison bonne, ne parlez pas tant de votre courage, ou convenez que vous l'employez bien mal.

L'indifférence de l'armée ne fut pas moins remarquable. Elle servit les bourreaux de Louis XVI bien mieux qu'elle ne l'avoit servi lui-même, car elle l'avoit trahi. On ne vit pas de sa part le plus léger témoignage de mécontentement. Enfin, jamais un plus grand crime n'appartint (à la vérité avec une foule de gradations) à un plus grand nombre de coupables.

Il faut encore faire une observation importante ; c'est que tout attentat commis contre la souveraineté, *au nom de la nation*, est toujours plus ou moins un crime national ; car c'est toujours plus ou moins la faute de la nation, si un nombre quelconque de factieux s'est mis en état de commettre le crime en son nom. Ainsi, tous les Français sans doute n'ont pas *voulu* la mort de Louis XVI ; mais l'immense majorité du peuple a *voulu*, pendant plus de deux ans, toutes les folies, toutes les injustices, tous les attentats qui amenèrent la catastrophe du 21 janvier.

Or, tous les crimes nationaux contre la souveraineté sont punis sans délai et d'une manière terrible ; c'est une loi qui n'a jamais souffert d'exception. Peu de jours après l'exécution de Louis XVI, quelqu'un écrivoit dans le Mercure universel : *Peut-être il n'eût pas fallu en venir là ; mais puisque nos législateurs ont pris l'évènement sur leur responsabilité, rallions-nous autour d'eux : éteignons toutes les haines, et qu'il n'en soit plus question.* Fort bien : il eût fallu peut-être ne pas assassiner le Roi, mais puisque la chose est faite, n'en parlons plus, et soyons tous bons amis. O démence ! Shakespeare en savoit un peu plus, lorsqu'il disoit : *La vie de tout individu est précieuse pour lui ; mais la vie de qui dépendent tant de vies, celle des souverains, est précieuse pour tous. Un crime fait-il disparoître la majesté royale ? à la place qu'elle occupoit il se forme un gouffre effroyable, et tout ce qui l'environne s'y précipite* (1). Chaque goutte du sang de Louis XVI en coûtera des torrens à la France ; quatre millions de Français, peut-être, paieront de leurs têtes le grand crime national d'une insurrection antireligieuse et antisociale, couronnée par un régicide.

Où sont les premières gardes nationales, les

---

(1) Hamlet, acte 3, scène 8.

premiers soldats, les premiers généraux qui prêtèrent serment à la nation ? Où sont les chefs, les idoles de cette première assemblée si coupable, pour qui l'épithète de *constituante* sera une épigramme éternelle ? Où est Mirabeau ? où est Bailli avec son *beau jour ?* où est Thouret qui inventa le mot *exproprier ?* où est Osselin, le rapporteur de la première loi qui proscrivit les émigrés ? On nommeroit par milliers les instrumens actifs de la révolution, qui ont péri d'une mort violente.

C'est encore ici où nous pouvons admirer l'ordre dans le désordre ; car il demeure évident, pour peu qu'on y réfléchisse, que les grands coupables de la révolution ne pouvoient tomber que sous les coups de leurs complices. Si la force seule avoit opéré ce qu'on appelle la *contre-révolution*, et replacé le Roi sur le trône, il n'y auroit eu aucun moyen de faire justice. Le plus grand malheur qui pût ariver à un homme délicat, ce seroit d'avoir à juger l'assassin de son père, de son parent, de son ami, ou seulement l'usurpateur de ses biens. Or, c'est précisément ce qui seroit arrivé dans le cas d'une contre-révolution, telle qu'on l'entendoit ; car les juges supérieurs, par la nature seule des choses, auroient presque tous appartenu à la classe offensée ; et la justice, lors même qu'elle n'auroit fait que punir, auroit eu l'air de se venger. D'ailleurs, l'autorité légitime garde toujours une certaine modération dans la punition des crimes qui ont une multitude de complices. Quand elle envoie cinq ou six coupables à la mort pour le même crime, c'est un massacre : si elle passe certaines bornes, elle devient odieuse. Enfin, les grands crimes exigent malheureusement de grands supplices ; et dans ce genre il est aisé de passer les bornes, lorsqu'il s'agit de crimes de lèse-majesté, et que la flatterie se fait bourreau. L'humanité n'a point encore pardonné à l'ancienne législation française l'épouvantable supplice de Damiens (1). Qu'auroient donc fait les magistrats français de trois ou quatre cents *Damiens*, et de tous les monstres qui couvroient la France ? Le glaive sacré de la justice seroit-il donc tombé sans relâche comme la guillotine de Robespierre ? Auroit-on convoqué à Paris tous les bourreaux du royaume et tous

---

(1) *Avertére omnes à tantâ fœditate spectaculi oculos. Primum ultimumque illud supplicium apud Romanos exempli parùm memoris legum humanarum fuit.* Tit. Liv. I. 28, de suppl. Mettii.

les chevaux de l'artillerie, pour écarteler des hommes? Auroit-on fait dissoudre dans de vastes chaudières le plomb et la poix pour en arroser des membres déchirés par des tenailles rougies? D'ailleurs, comment caractériser les différens crimes? comment graduer les supplices? et surtout comment punir sans lois? *On auroit choisi*, dira-t-on, *quelques grands coupables, et tout le reste auroit obtenu grâce.* C'est précisément ce que la Providence ne vouloit pas. Comme elle peut tout ce qu'elle veut, elle ignore ces grâces produites par l'impuissance de punir. Il falloit que la grande épuration s'accomplît, et que les yeux fussent frappés, il falloit que le métal français, dégagé de ses scories aigres et impures, parvînt plus net et plus malléable entre les mains du Roi futur. Sans doute la Providence n'a pas besoin de punir dans le temps pour justifier ses voies; mais à cette époque elle se met à notre portée, et punit comme un tribunal humain.

Il y a eu des nations condamnées à mort au pied de la lettre, comme des individus coupables, et nous savons pourquoi (1). S'il en-

---

(1) *Levit. XVIII*, 21 et seq. *XX*, 23. — *Deutero-*

troit dans les desseins de Dieu de nous révéler ses plans à l'égard de la révolution française, nous lirions le châtiment des Français, comme l'arrêt d'un parlement. — Mais que saurions-nous de plus ? Ce châtiment n'est-il pas visible ? N'avons-nous pas vu la France déshonorée par plus de cent mille meurtres ? le sol entier de ce beau royaume couvert d'échafauds ? et cette malheureuse terre abreuvée du sang de ses enfans par les massacres judiciaires, tandis que des tyrans inhumains le prodiguoient au dehors pour le soutien d'une guerre cruelle, soutenue pour leur propre intérêt ? Jamais le despote le plus sanguinaire ne s'est joué de la vie des hommes avec tant d'insolence, et jamais peuple passif ne se présenta à la boucherie avec plus de complaisance. Le fer et le feu, le froid et la faim, les privations, les souffrances de toute espèce, rien ne le dégoûte de son supplice : tout ce qui est dévoué doit accomplir son sort : on ne verra point de désobéissance, jusqu'à ce que le jugement soit accompli.

---

nom. *XVIII*, 9 *et seq.* — *I. Reg. XV*, 24. — *IV, Reg. XVII*, 7 *et seq.* et *XXI*, 2. — Herodot. *lib.* II. §. 46, et la note de M. Larcher sur cet endroit.

Et cependant, dans cette guerre si cruelle, si désastreuse, que de points de vue intéressans ! et comme on passe tour à tour de la tristesse à l'admiration ! Transportons-nous à l'époque la plus terrible de la révolution ; supposons que, sous le gouvernement de l'infernal comité, l'armée, par une métamorphose subite, devienne tout à coup royaliste : susposons qu'elle convoque de son côté ses assemblées primaires, et qu'elle nomme librement les hommes les plus éclairés et les plus estimables, pour lui tracer la route qu'elle doit tenir dans cette occasion difficile : supposons, enfin, qu'un de ces élus de l'armée se lève et dise :

« Braves et fidèles guerriers, il est des cir-
» constances où toute la sagesse humaine se
» réduit à choisir entre différens maux. Il est
» dur, sans doute, de combattre pour le
» comité de salut public ; mais il y auroit
» quelque chose de plus fatal encore, ce se-
» roit de tourner nos armes contre lui. A
» l'instant où l'armée se mêlera de la politi-
» que, l'état sera dissous; et les ennemis de
» la France, profitant de ce moment de dis-
» solution, la pénètreront et la diviseront.
» Ce n'est point pour ce moment que nous

» devons agir, mais pour la suite des temps :
» il s'agit surtout de maintenir l'intégrité de
» la France, et nous ne le pouvons qu'en
» combattant pour le gouvernement, quel
» qu'il soit ; car de cette manière la France,
» malgré ses déchiremens intérieurs, conser-
» vera sa force militaire et son influence exté-
» rieure. A le bien prendre, ce n'est point
» pour le gouvernement que nous combat-
» tons, mais pour la France et pour le Roi
» futur, qui nous devra un empire plus grand,
» peut-être, que ne le trouva la révolution.
» C'est donc un devoir pour nous de vaincre
» la répugnance qui nous fait balancer. Nos
» contemporains peut-être calomnieront notre
» conduite, mais la postérité lui rendra jus-
» tice. »

Cet homme auroit parlé en grand philosophe. Eh bien ! cette hypothèse chimérique, l'armée l'a réalisée, sans savoir ce qu'elle faisoit ; et la terreur d'un côté, l'immoralité et l'extravagance de l'autre, ont fait précisément ce qu'une sagesse consommée et presque prophétique auroit dicté à l'armée.

Qu'on y réfléchisse bien, on verra que le mouvement révolutionnaire une fois établi, la France et la monarchie ne pouvoient être sauvées que par le jacobinisme.

Le Roi n'a jamais eu d'allié; et c'est un fait assez évident, pour qu'il n'y ait aucune imprudence à l'énoncer, que la coalition en vouloit à l'intégrité de la France. Or, comment résister à la coalition? Par quel moyen surnaturel briser l'effort de l'Europe conjurée? Le génie infernal de Robespierre pouvoit seul opérer ce prodige. Le gouvernement révolutionnaire endurcissoit l'ame des Français, en la trempant dans le sang; il exaspéroit l'esprit des soldats, et doubloit leurs forces par un désespoir féroce et un mépris de la vie, qui tenoient de la rage. L'horreur des échafauds poussant le citoyen aux frontières, alimentoit la force extérieure, à mesure qu'elle anéantissoit jusqu'à la moindre résistance dans l'intérieur. Toutes les vies, toutes les richesses, tous les pouvoirs étoient dans les mains du pouvoir révolutionnaire; et ce monstre de puissance, ivre de sang et de succès, phénomène épouvantable qu'on n'avoit jamais vu, et que sans doute on ne reverra jamais, étoit tout à la fois un châtiment épouvantable pour les Français, et le seul moyen de sauver la France.

Que demandoient les royalistes, lorsqu'ils demandoient une contre-révolution telle qu'ils l'imaginoient, c'est-à-dire faite brusquement et par la force ? Ils demandoient la conquête de la France ; ils demandoient donc sa division, l'anéantissement de son influence et l'avilissement de son Roi, c'est-à-dire des massacres de trois siècles peut-être, suite infaillible d'une telle rupture d'équilibre. Mais nos neveux, qui s'embarrasseront très-peu de nos souffrances, et qui danseront sur nos tombeaux, riront de notre ignorance actuelle; ils se consoleront aisément des excès que nous avons vus, et qui auront conservé l'intégrité *du plus beau royaume après celui du Ciel* (1).

Tous les monstres que la révolution a enfantés, n'ont travaillé, suivant les apparences, que pour la royauté. Par eux, l'éclat des victoires a forcé l'admiration de l'univers, et environné le nom français d'une gloire dont les crimes de la révolution n'ont pu le dépouiller entièrement ; par eux, le Roi remontera sur le trône avec tout son éclat et toute sa puissance, peut-être même avec un surcroît de puissance. Et qui sait si, au lieu

---

(1) Grotius : *De Jure belli ac pacis Epist. ad Ludovicum XIII.*

d'offrir misérablement quelques-unes de ses provinces pour obtenir le droit de régner sur les autres, il n'en rendra peut-être pas, avec la fierté du pouvoir qui donne ce qu'il peut retenir? Certainement on a vu arriver des choses moins probables.

Cette même idée que tout se fait pour l'avantage de la monarchie française, me persuade que toute révolution royaliste est impossible avant la paix ; car le rétablissement de la royauté détendroit subitement tous les ressorts de l'état. La magie noire qui opère dans ce moment, disparoîtroit comme un brouillard devant le soleil. La bonté, la clémence, la justice, toutes les vertus douces et paisibles reparoîtroient tout à coup, et ramèneroient avec elles une certaine douceur générale dans les caractères, une certaine alégresse entièrement opposée à la sombre rigueur du pouvoir révolutionnaire. Plus de réquisitions, plus de vols palliés, plus de violences. Les généraux, précédés du drapeau blanc, appelleroient-ils *révoltés* les habitans des pays envahis, qui se défendroient légitimement? et leur enjoindroient-ils de ne pas remuer, sous peine d'être fusillés comme rebelles? Ces horreurs, très-utiles au Roi futur, ne pourroient cependant être employées par lui ; il n'auroit donc que des moyens *humains*. Il seroit au pair avec ses ennemis ; et qu'arriveroit-il dans ce moment de suspension qui accompagne nécessairement le passage d'un gouvernement à l'autre ? Je n'en sais rien. Je sens bien que les grandes conquêtes des Français semblent mettre l'intégrité du royaume à l'abri (je crois même toucher ici la raison de ces conquêtes). Cependant il paroît toujours plus avantageux à la France et à la monarchie, que la paix, et une paix glorieuse pour les Français, se fasse par la république, et qu'au moment où le Roi remontera sur son trône, une paix profonde écarte de lui toute espèce de danger.

D'un autre côté, il est visible qu'une révolution brusque, loin de guérir le peuple, auroit confirmé ses erreurs ; qu'il n'auroit jamais pardonné au pouvoir qui lui auroit arraché ses chimères. Comme c'étoit du *peuple* proprement dit, ou de la multitude, que les factieux avoient besoin pour bouleverser la France, il est clair qu'en général, ils devoient l'épargner, et que les grandes vexations devoient tomber d'abord sur la classe aisée. Il falloit donc que le pouvoir usurpateur pesât long-temps sur le peuple pour l'en dégoûter. Il n'avoit vu que la révolution : il falloit qu'il en sentît, qu'il en savourât, pour ainsi dire, les amères conséquences. Peut-être, au moment où j'écris, ce n'est point encore assez.

La réaction, d'ailleurs, devant être égale à l'action, ne vous pressez pas, hommes impatiens, et songez que la longueur même des maux vous annonce une *contre-révolution* dont vous n'avez pas d'idée. Calmez vos ressentimens, surtout ne vous plaignez pas des Rois, et ne demandez pas d'autres miracles que ceux que vous voyez. Quoi! vous prétendez que des puissances étrangères combattent philosophiquement pour relever le trône de France, et sans aucun espoir d'indemnité? Mais vous voulez donc que l'homme ne soit pas homme : vous demandez l'impossible. Vous consentiriez, direz-vous peut-être, au démembrement de la France *pour ramener l'ordre :* mais savez-vous ce que c'est que *l'ordre?* C'est ce qu'on verra dans dix ans, peut-être plus tôt, peut-être plus tard. De qui tenez-vous, d'ailleurs, le droit de stipuler pour le Roi, pour la monarchie française et pour votre postérité? Lorsque d'aveugles factieux décrètent l'indivisibilité de la république, ne voyez que la Providence qui décrète celle du royaume.

Jetons maintenant un coup d'œil sur la persécution inouïe, excitée contre le culte national et ses ministres : c'est une des *faces* les plus intéressantes de la révolution.

On ne sauroit nier que le sacerdoce, en France, n'eût besoin d'être régénéré; et quoique je sois fort loin d'adopter les déclamations vulgaires sur le clergé, il ne me paroît pas moins incontestable que les richesses, le luxe et la pente générale des esprits vers le relâchement, avoient fait décliner ce grand corps; qu'il étoit possible souvent de trouver sous le camail un chevalier au lieu d'un apôtre; et qu'enfin, dans les temps qui précédèrent immédiatement la révolution, le clergé étoit descendu, à peu près autant que l'armée, de la place qu'il avoit occupée dans l'opinion générale.

Le premier coup porté à l'église fut l'envahissement de ses propriétés; le second fut le serment constitutionnel; et ces deux opérations tyranniques commencèrent la régénération. Le serment cribla les prêtres, s'il est permis de s'exprimer ainsi. Tout ce qui l'a prêté, à quelques exceptions près, dont il est permis de ne pas s'occuper, s'est vu conduit par degrés dans l'abîme du crime et de l'opprobre : l'opinion n'a qu'une voix sur ces apostats.

Les prêtres fidèles, recommandés à cette même opinion par un premier acte de fermeté, s'illustrèrent encore davantage par l'intrépidité avec laquelle ils surent braver les souffrances et la mort même pour la défense de leur foi. Le massacre des Carmes est comparable à tout ce que l'histoire ecclésiastique offre de plus beau dans ce genre.

La tyrannie qui les chassa de leur patrie par milliers, contre toute justice et toute pudeur, fut sans doute ce qu'on peut imaginer de plus révoltant ; mais sur ce point, comme sur tous les autres, les crimes des tyrans de la France devenoient les instrumens de la Providence. Il falloit probablement que les prêtres français fussent montrés aux nations étrangères ; ils ont vécu parmi des nations protestantes, et ce rapprochement a beaucoup diminué les haines et les préjugés. L'émigration considérable du clergé, et particulièrement des évêques français, en Angleterre, me paroît surtout une époque remarquable. Sûrement, on aura prononcé des paroles de paix ! sûrement, on aura formé des projets de rapprochemens pendant cette réunion extraordinaire !

Quand on n'auroit fait que désirer ensemble, ce seroit beaucoup. Si jamais les chrétiens se rapprochent, comme tout les y invite, il semble que la *motion* doit partir de l'église d'Angleterre. Le presbytérianisme fut une œuvre française, et par conséquent une œuvre exagérée. Nous sommes trop éloignés des sectateurs d'un culte trop peu substantiel ; il n'y a pas moyen de nous entendre. Mais l'église anglicane, qui nous touche d'une main, touche de l'autre ceux que nous ne pouvons toucher ; et quoique, sous un certain point de vue, elle soit en butte aux coups des deux partis, et qu'elle présente le spectacle un peu ridicule d'un révolté qui prêche l'obéissance, cependant elle est très-précieuse sous d'autres aspects, et peut être considérée comme un de ces intermèdes chimiques, capables de rapprocher les élémens inassociables de leur nature.

Les biens du clergé étant dissipés, aucun motif méprisable ne peut de long-temps lui donner de nouveaux membres ; en sorte que toutes les circonstances concourent à relever ce corps. Il y a lieu de croire, d'ailleurs, que la contemplation de l'œuvre dont il paroît chargé, lui donnera ce degré d'exaltation qui élève l'homme au dessus de lui-même, et le met en état de produire de grandes choses.

Joignez à ces circonstances la fermentation des esprits en certaines contrées de l'Europe, les idées exaltées de quelques hommes remarquables, et cette espèce d'inquiétude qui affecte les caractères religieux, surtout dans les pays protestans, et les pousse dans des routes extraordinaires.

Voyez en même temps l'orage qui gronde sur l'Italie ; Rome menacée en même temps que Genève par la puissance qui ne veut point de culte, et la suprématie nationale de la religion abolie en Hollande par un décret de la convention nationale. Si la Providence *efface*, sans doute c'est pour *écrire*.

J'observe de plus, que lorsque de grandes croyances se sont établies dans le monde, elles ont été favorisées par de grandes conquêtes, par la formation de grandes souverainetés : on en voit la raison.

Enfin, que doit-il arriver, à l'époque où nous vivons, de ces combinaisons extraordinaires qui ont trompé toute la prudence humaine ? En vérité, on seroit tenté de croire que la révolution politique n'est qu'un objet secondaire du grand plan qui se déroule devant nous avec une majesté terrible.

J'ai parlé, en commençant, de cette *magistrature* que la France exerce sur le reste de l'Europe. La Providence, qui proportionne toujours les moyens à la fin, et qui donne aux nations, comme aux individus, les organes nécessaires à l'accomplissement de leur destination, a précisément donné à la nation française deux instrumens, et, pour ainsi dire, deux *bras*, avec lesquels elle remue le monde, sa langue et l'esprit de prosélytisme qui forme l'essence de son caractère; en sorte qu'elle a constamment le besoin et le pouvoir d'influencer les hommes.

La puissance, j'ai presque dit la *monarchie* de la langue française, est visible : on peut, tout au plus, faire semblant d'en douter. Quant à l'esprit de prosélytisme, il est connu comme le soleil; depuis la marchande de modes jusqu'au philosophe, c'est la partie saillante du caractère national.

Ce prosélytisme passe communément pour un ridicule, et réellement il mérite souvent ce nom, surtout par les formes; dans le fond cependant, c'est une *fonction*.

Or, c'est une loi éternelle du monde moral, que toute *fonction* produit un devoir. L'église gallicane étoit une pierre angulaire de l'édifice catholique,

catholique, ou, pour mieux dire, *chrétien ;* car, dans le vrai, il n'y a qu'un édifice. Les églises ennemies de l'église universelle ne subsistent cependant que par celle-ci, quoique peut-être elles s'en doutent peu, semblables à ces plantes parasites, à ces guis stériles qui ne vivent que de la substance de l'arbre qui les supportent, et qu'ils appauvrissent.

De là vient que la réaction entre les puissances opposées, étant toujours égale à l'action, les plus grands efforts de la *déesse Raison* contre le christianisme se sont faits en France : l'ennemi attaquoit la citadelle.

Le clergé de France ne doit donc point s'endormir ; il a mille raisons de croire qu'il est appelé à une grande mission ; et les mêmes conjectures qui lui laissent apercevoir pourquoi il a souffert, lui permettent aussi de se croire destiné à une œuvre essentielle.

En un mot, s'il ne se fait pas une révolution morale en Europe ; si l'esprit religieux n'est pas renforcé dans cette partie du monde, le lien social est dissous. On ne peut rien deviner, et il faut s'attendre à tout. Mais s'il se fait un changement heureux sur ce point, ou il n'y a plus d'analogie, plus d'induction, plus d'art de conjecturer, ou c'est la France qui est appelée à le produire.

C'est surtout ce qui me fait penser que la révolution française est une grande époque; et que ses suites, dans tous les genres, se feront sentir bien au delà du temps de son explosion et des limites de son foyer.

Si on l'envisage dans ses rapports politiques, on se confirme dans la même opinion. Combien les puissances de l'Europe se sont trompées sur la France! combien elles ont *médité de choses vaines!* O vous qui vous croyez indépendans, parce que vous n'avez point de juges sur la terre! ne dites jamais : *Cela me convient;* DISCITE JUSTITIAM MONITI! Quelle main, tout à la fois sévère et paternelle, écrasoit la France de tous les fléaux imaginables, et soutenoit l'empire par des moyens surnaturels, en tournant tous les efforts de ses ennemis contre eux-mêmes ? Qu'on ne vienne point nous parler des assignats, de la force du nombre, etc., car la possibilité des assignats et de la force du nombre est précisément hors de la nature. D'ailleurs, ce n'est ni par le papier-monnoie, ni par l'avantage du nombre, que les vents conduisent les vaisseaux des Français, et repoussent ceux de leurs ennemis; que l'hiver leur fait des ponts de glace au moment où ils en ont besoin ; que les souverains qui les gênent meurent à point nommé ; qu'ils envahissent l'Italie sans canons, et que des phalanges, réputées les plus braves de l'univers, jettent les armes à égalité de nombre, et passent sous le joug.

Lisez les belles réflexions de M. Dumas sur la guerre actuelle ; vous y verrez parfaitement *pourquoi*, mais point du tout *comment* elle a pris le caractère que nous voyons. Il faut toujours remonter au comité de salut public, qui fut un miracle, et dont l'esprit gagne encore les batailles.

Enfin, le châtiment *des Français* sort de toutes les règles ordinaires, et la protection accordée *à la France* en sort aussi : mais ces deux prodiges réunis se multiplient l'un par l'autre, et présentent un des spectacles les plus étonnans que l'œil humain ait jamais contemplé.

A mesure que les évènemens se déploieront, on verra d'autres raisons et des rapports plus admirables. Je ne vois, d'ailleurs, qu'une partie de ceux qu'une vue plus perçante pourroit découvrir dès ce moment.

L'horrible effusion du sang humain, occasionée par cette grande commotion, est un moyen terrible ; cependant c'est un moyen autant qu'une punition, et il peut donner lieu à des réflexions intéressantes.

CHAPITRE III.

DE LA DESTRUCTION VIOLENTE DE L'ESPÈCE HUMAINE.

Il n'avoit malheureusement pas si tort ce roi de Dahomey, dans l'intérieur de l'Afrique, qui disoit il n'y a pas long-temps à un Anglais: *Dieu a fait ce monde pour la guerre ; tous les royaumes, grands et petits, l'ont pratiquée dans tous les temps, quoique sur des principes différens* (1).

L'histoire prouve malheureusement que la guerre est l'état habituel du genre humain dans un certain sens, c'est-à-dire que le sang humain doit couler sans interruption sur le globe, ici ou là ; et que la paix, pour chaque nation, n'est qu'un répit.

On cite la clôture du temple de Janus sous

---

(1) The history of Dahomey, by Archibald Dalzel, Biblioth. Britan. Mai 1796, vol. II, n.º 1, p. 87.

Auguste; on cite une année du règne guerrier de Charlemagne (l'année 790) où il ne fit pas la guerre (1). On cite une courte époque après la paix de Riswick, en 1697, et une autre tout aussi courte après celle de Carlowitz, en 1699, où il n'y eut point de guerre, non-seulement dans toute l'Europe, mais même dans tout le monde connu.

Mais ces époques ne sont que des monumens. D'ailleurs, qui peut savoir ce qui se passe sur le globe entier à telle ou telle époque?

Le siècle qui finit commença, pour la France, par une guerre cruelle, qui ne fut terminée qu'en 1714 par le traité de Rastadt. En 1719, la France déclara la guerre à l'Espagne; le traité de Paris y mit fin en 1727. L'élection du roi de Pologne ralluma la guerre en 1733, la paix se fit en 1736. Quatre ans après, la guerre terrible de la succession autrichienne s'alluma, et dura sans interruption jusqu'en 1748. Huit années de paix commençoient à cicatriser les plaies de huit années de guerre, lorsque l'ambition de l'Angleterre força la France à prendre les armes. La guerre de sept

---

(1) Histoire de Charlemagne, par M. Gaillard, t. II, liv. I, chap. V.

ans n'est que trop connue. Après quinze ans de repos, la révolution d'Amérique entraîna de nouveau la France dans une guerre dont toute la sagesse humaine ne pouvoit prévoir les conséquences. On signe la paix en 1782 ; sept ans après, la révolution commence ; elle dure encore ; et peut-être que dans ce moment elle a coûté trois millions d'hommes à la France.

Ainsi, à ne considérer que la France, voilà quarante ans de guerre sur quatre-vingt-seize. Si d'autres nations ont été plus heureuses, d'autres l'ont été beaucoup moins.

Mais ce n'est point assez de considérer un point du temps et un point du globe ; il faut porter un coup d'œil rapide sur cette longue suite de massacres qui souille toutes les pages de l'histoire. On verra la guerre sévir sans interruption, comme une fièvre continue marquée par d'effroyables redoublemens. Je prie le lecteur de suivre ce tableau depuis le déclin de la république romaine.

Marius extermine, dans une bataille, deux cent mille Cimbres et Teutons. Mithridate fait égorger quatre-vingt mille Romains: Sylla lui tue quatre-vingt-dix mille hommes dans un combat livré en Béotie, où il en perd lui-même dix mille. Bientôt on voit les guerres civiles et les proscriptions. César a lui seul fait mourir un million d'hommes sur le champ de bataille (avant lui Alexandre avoit eu ce funeste honneur) : Auguste ferme un instant le temple de Janus ; mais il l'ouvre pour des siècles, en établissant un empire électif. Quelques bons princes laissent respirer l'état, mais la guerre ne cesse jamais, et sous l'empire du *bon* Titus, six cent mille hommes périssent au siége de Jérusalem. La destruction des hommes opérée par les armes des Romains est vraiment effrayante (1). Le Bas-Empire ne présente qu'une suite de massacres. A commencer par Constantin, quelles guerres et quelles batailles? Licinius perd vingt mille hommes à Cibalis, trente-quatre mille à Andrinople, et cent mille à Chrysopolis. Les nations du nord commencent à s'ébranler. Les Francs, les Goths, les Huns, les Lombards, les Alains, les Vandales, etc. attaquent l'empire et le déchirent successivement. Attila met l'Europe à feu et à sang. Les Français lui tuent plus de deux cent mille hommes près de Châlons ; et les Goths, l'année suivante, lui font subir une

---

(1) Montesquieu, Esprit des Lois, liv. XXIII, chap. XIX.

perte encore plus considérable. En moins d'un siècle, Rome est prise et saccagée trois fois; et dans une sédition qui s'élève à Constantinople, quarante mille personnes sont égorgées. Les Goths s'emparent de Milan, et y tuent trois cent mille habitans. Totila fait massacrer tous les habitans de Tivoli, et quatre-vingt-dix mille hommes au sac de Rome. Mahomet paroît; le glaive et l'alcoran parcourut les deux tiers du globe. Les Sarrasins courent de l'Euphrate au Guadalquivir. Ils détruisent de fond en comble l'immense ville de Syracuse; ils perdent trente mille hommes près de Constantinople, dans un seul combat naval, et Pélage leur en tue vingt mille dans une bataille de terre. Ces pertes n'étoient rien pour les Sarrasins; mais le torrent rencontre le génie des Francs dans les plaines de Tours, où le fils du premier Pépin, au milieu de trois cent mille cadavres, attache à son nom l'épithète *terrible* qui le distingue encore. L'islamisme porté en Espagne, y trouve un rival indomptable. Jamais peut-être on ne vit plus de gloire, plus de grandeur et plus de carnage. La lutte des Chrétiens et des Mulsulmans, en Espagne, est un combat de huit cents ans. Plusieurs expéditions, et même plusieurs batailles y coûtent vingt, trente, quarante et jusqu'à quatre-vingt mille vies.

Charlemagne monte sur le trône, et combat pendant un demi-siècle. Chaque année il décrète sur quelle partie de l'Europe il doit envoyer la mort. Présent partout et partout vainqueur, il écrase des nations de fer comme César écrasoit les hommes-femmes de l'Asie. Les Normands commencent cette longue suite de ravages et de cruautés qui nous font encore frémir. L'immense héritage de Charlemagne est déchiré : l'ambition le couvre de sang, et le nom des Francs disparoît à la bataille de Fontenay. L'Italie entière est saccagée par les Sarrasins, tandis que les Normands, les Danois et les Hongrois ravageoient la France, la Hollande, l'Angleterre, l'Allemagne et la Grèce. Les nations barbares s'établissent enfin et s'apprivoisent. Cette veine ne donne plus de sang ; une autre s'ouvre à l'instant : les croisades commencent. L'Europe entière se précipite sur l'Asie ; on ne compte plus que par myriades le nombre des victimes. Gengis-Kan et ses fils subjuguent et ravagent le globe, depuis la Chine jusqu'à la Bohême. Les Français, qui s'étoient croisés contre les

musulmans, se croisent contre les hérétiques :
guerre cruelle des albigeois. Bataille de Bou-
vines, où trente mille hommes perdent la
vie. Cinq ans après, quatre-vingt mille Sarrasins périssent au siége de Damiette. Les
Guelphes et les Gibelins commencent cette
lutte qui devoit ensanglanter si long-temps
l'Italie. Le flambeau des guerres civiles s'al-
lume en Angleterre. Vêpres siciliennes. Sous
les règnes d'Edouard et de Philippe de Valois,
la France et l'Angleterre se heurtent plus
violemment que jamais, et créent une nouvelle ère de carnage. Massacre des Juifs ; bataille de Poitiers ; bataille de Nicopolis : le
vainqueur tombe sous les coups de Tamerlan,
qui répète Gengis-Kan. Le duc de Bourgogne
fait assassiner le duc d'Orléans, et commence
la sanglante rivalité des deux familles. Bataille d'Azincourt. Les Hussites mettent à feu
et à sang une grande partie de l'Allemagne.
Mahomet II règne et combat trente ans.
L'Angleterre, repoussée dans ses limites, se
déchire de ses propres mains. Les maisons
d'Yorck et de Lancastre la baignent dans le
sang. L'héritière de Bourgogne porte ses états
dans la maison d'Autriche ; et dans ce contrat
de mariage il est écrit que les hommes s'égor-

geront pendant trois siècles, de la Baltique à la Méditerranée. Découverte du Nouveau-Monde : c'est l'arrêt de mort de trois millions d'Indiens. Charles V et François I.er paroissent sur le théâtre du monde : chaque page de leur histoire est rouge de sang humain. Règne de Soliman. Bataille de Mohatz. Siége de Vienne, siége de Malte, etc. Mais c'est de l'ombre d'un cloître que sort un des plus grands fléaux du genre humain. Luther paroît ; Calvin le suit. Guerre des paysans ; guerre de trente ans ; guerre civile de France ; massacre des Pays-Bas ; massacre d'Irlande ; massacre des Cévennes ; journée de la saint Barthélemi ; meurtre de Henri III, de Henri IV, de Marie Stuart, de Charles I.er ; et de nos jours enfin la révolution française qui part de la même source.

Je ne pousserai pas plus loin cet épouvantable tableau : notre siècle et celui qui l'a précédé sont trop connus. Qu'on remonte jusqu'au berceau des nations ; qu'on descende jusqu'à nos jours ; qu'on examine les peuples dans toutes les positions possibles, depuis l'état de barbarie jusqu'à celui de civilisation la plus raffinée ; toujours on trouvera la guerre. Par cette cause, qui est la principale, et par toutes celles qui s'y joignent, l'effusion du sang humain n'est jamais suspendue dans l'univers : tantôt elle est moins forte sur une plus grande surface, et tantôt plus abondante sur une surface moins étendue; en sorte qu'elle est à peu près constante. Mais de temps en temps il arrive des évènemens extraordinaires qui l'augmentent prodigieusement, comme les guerres puniques, les triumvirats, les victoires de César, l'irruption des barbares, les croisades, les guerres de religion, la succession d'Espagne, la révolution française, etc. Si l'on avoit des tables de massacres comme on a des tables météorologiques, qui sait si l'on n'en découvriroit point la loi au bout de quelques siècles d'observation (1) ? Buffon a

---

(1) Il conste, par exemple, du rapport fait par le chirurgien en chef des armées de S. M. I., que sur 250,000 hommes employés par l'empereur Joseph II contre les Turcs, depuis le 1.er juin 1788, jusqu'au 1.er mai 1789, il en étoit péri 33,543 par les maladies, et 80,000 par le fer (*Gazette nationale et étrangère de* 1790, N.° 34). Et l'on voit, par un calcul approximatif fait en Allemagne, que la guerre actuelle avoit déjà coûté, au mois d'octobre 1795, un million d'hommes à la France, et 500,000 aux puissances coalisées (*Extrait d'un ouvrage périodique allemand, dans le Courrier de Francfort*, du 28 octobre 1795, N.° 296).

fort bien prouvé qu'une grande partie des animaux est destinée à mourir de mort violente. Il auroit pu, suivant les apparences, étendre sa démonstration à l'homme; mais on peut s'en rapporter aux faits.

Il y a lieu de douter, au reste, que cette destruction violente soit en général un aussi grand mal qu'on le croit : du moins, c'est un de ces maux qui entrent dans un ordre de choses où tout est violent et *contre nature*, et qui produisent des compensations. D'abord, lorsque l'ame humaine a perdu son ressort par la mollesse, l'incrédulité et les vices gangreneux qui suivent l'excès de la civilisation, elle ne peut être retrempée que dans le sang. Il n'est pas aisé, à beaucoup près, d'expliquer pourquoi la guerre produit des effets différens, suivant les différentes circonstances. Ce qu'on voit assez clairement, c'est que le genre humain peut être considéré comme un arbre qu'une main invisible taille sans relâche, et qui gagne souvent à cette opération. A la vérité, si l'on touche le tronc, ou si l'on coupe en *tête de saule*, l'arbre peut périr : mais qui connoît les limites pour l'arbre humain? Ce que nous savons, c'est que l'extrême carnage s'allie souvent avec l'extrême population, comme on l'a vu surtout dans les anciennes républiques grecques, et en Espagne sous la domination des Arabes (1). Les lieux communs sur la guerre ne signifient rien : il ne faut pas être fort habile pour savoir que plus on tue d'hommes, et moins il en reste dans le moment; comme il est vrai que plus on coupe de branches, et moins il en reste sur l'arbre; mais ce sont les suites de l'opération qu'il faut considérer. Or, en suivant toujours la même comparaison, on peut observer que le jardinier habile dirige moins la taille à la végétation absolue, qu'à la fructification de l'arbre : ce sont des fruits, et non du bois et des feuilles, qu'il demande à la plante. Or, les véritables fruits de la nature humaine, les arts, les sciences, les grandes entreprises, les hautes conceptions, les vertus mâles, tiennent surtout

---

(1) L'Espagne, à cette époque, a contenu jusqu'à quarante millions d'habitans; aujourd'hui elle n'en a que dix. — *Autrefois la Grèce florissoit au sein des plus cruelles guerres, le sang y couloit à flots, et tout le pays étoit couvert d'hommes. Il sembloit, dit Machiavel, qu'au milieu des meurtres, des proscriptions, des guerres civiles, notre république en devînt plus puissante, etc.* (Rousseau, Contr. Soc., liv. 3, chap. 10).

à l'état de guerre. On sait que les nations ne parviennent jamais au plus haut point de grandeur dont elles sont susceptibles, qu'après de longues et sanglantes guerres. Ainsi le point rayonnant pour les Grecs, fut l'époque terrible de la guerre du Péloponèse; le siècle d'Auguste suivit immédiatement la guerre civile et les proscriptions; le génie français fut dégrossi par la Ligue et poli par la Fronde: tous les grands hommes du siècle de la reine Anne naquirent au milieu des commotions politiques. En un mot, on diroit que le sang est l'engrais de cette plante qu'on appelle *génie*.

Je ne sais si l'on se comprend bien, lorsqu'on dit que *les arts sont amis de la paix*. Il faudroit au moins s'expliquer et circonscrire la proposition; car je ne vois rien de moins pacifique que les siècles d'Alexandre et de Périclès, d'Auguste, de Léon X et de François I.er, de Louis XIV et de la reine Anne.

Seroit-il possible que l'effusion du sang humain n'eût pas une grande cause et de grands effets? Qu'on y réfléchisse: l'histoire et la fable, les découvertes de la physiologie moderne, et les traditions antiques, se réunissent pour fournir des matériaux à ces méditations. Il ne seroit pas plus honteux de tâtonner sur ce point que sur mille autres plus étrangers à l'homme.

Tonnons cependant contre la guerre, et tâchons d'en dégoûter les souverains; mais ne donnons pas dans les rêves de Condorcet, de ce philosophe si cher à la révolution, qui employa sa vie à préparer le malheur de la perfection présente, léguant bénignement la génération à nos neveux. Il n'y a qu'un moyen de comprimer le fléaux de la guerre, c'est de comprimer les désordres qui amènent cette terrible purification.

Dans la tragédie grecque d'Oreste, Hélène, l'un des personnages de la pièce, est soustraite par les dieux au juste ressentiment des Grecs, et placée dans le ciel à côté de ses deux frères, pour être avec eux un signe de salut aux navigateurs. Apollon paroît pour justifier cette étrange apothéose (1) : *La beauté d'Hélène, dit-il, ne fut qu'un instrument dont les Dieux se servirent pour mettre aux prises les Grecs et les Troyens, et faire couler leur sang, afin d'étancher* (2) *sur la terre l'iniquité des hommes devenus trop nombreux* (3).

---

(1) *Dignus vindice nobis.* Hor. A. P. 191.
(2) ὡς ἀπαντλοῖεν.
(3) Eurip. Orest. v. 1655 — 58.

Apollon

Apollon parloit fort bien : ce sont les hommes qui assemblent les nuages, et ils se plaignent ensuite des tempêtes.

> C'est le courroux des rois qui fait armer la terre ;
> C'est le courroux des cieux qui fait armer les rois.

Je sens bien que, dans toutes ces considérations, nous sommes continuellement assaillis par le tableau si fatigant des innocens qui périssent avec les coupables. Mais, sans nous enfoncer dans cette question qui tient à tout ce qu'il y de plus profond, on peut la considérer seulement dans son rapport avec le dogme universel, et aussi ancien que le monde, *de la reversibilité des douleurs de l'innocence au profit des coupables.*

Ce fut de ce dogme, ce me semble, que les anciens dérivèrent l'usage des sacrifices qu'ils pratiquèrent dans tout l'univers, et qu'ils jugeoient utiles non-seulement aux vivans, mais encore aux morts (1) : usage typique que

---

(1) Ils sacrifioient, au pied de la lettre, *pour le repos des ames ;* et ces sacrifices, dit Platon, *sont d'une grande efficace, à ce que disent des villes entières, et les poètes enfans des dieux, et les prophètes inspirés par les dieux.* Plato, De Rep., lib. II.

4

l'habitude nous fait envisager sans étonnement, mais dont il n'est pas moins difficile d'atteindre la racine.

Les dévouemens, si fameux dans l'antiquité, tenoient encore au même dogme. Décius avoit la *foi* que le sacrifice de sa vie seroit accepté par la Divinité, et qu'il pouvoit faire équilibre à tous les maux qui menaçoient sa patrie (1).

Le christianisme est venu consacrer ce dogme, qui est infiniment naturel à l'homme, quoiqu'il paroisse difficile d'y arriver par le raisonnement.

Ainsi, il peut y avoir eu dans le cœur de Louis XVI, dans celui de la céleste Elisabeth, tel mouvement, telle acceptation, capable de sauver la France.

On demande quelquefois à quoi servent ces austérités terribles, pratiquées par certains ordres religieux, et qui sont aussi des dévouemens ; autant vaudroit précisément demander à quoi sert le christianisme, puisqu'il repose tout entier sur ce même dogme agrandi de l'innocence payant pour le crime.

---

(1) *Piaculum omnis deorum iræ...... omnes minas periculaque ab diis, superis inferisque in se unum vertit.* (Tit. Liv., lib. VIII, 9 et 10.)

L'autorité qui approuve ces ordres, choisit quelques hommes, et les *isole* du monde pour en faire des *conducteurs*.

Il n'y a que violence dans l'univers ; mais nous sommes gâtés par la philosophie moderne, qui a dit que *tout est bien*, tandis que le mal a tout souillé, et que, dans un sens très-vrai, *tout est mal*, puisque rien n'est à sa place. La note tonique du système de notre création ayant baissé, toutes les autres ont baissé proportionnellement, suivant les règles de l'harmonie. *Tous les êtres gémissent* (1) et tendent, avec effort et douleur, vers un autre ordre de choses.

Les spectateurs des grandes calamités humaines sont conduits surtout à ces tristes méditations ; mais gardons-nous de perdre courage : il n'y a point de châtiment qui ne purifie ; il n'y a point de désordre que l'AMOUR ÉTERNEL ne tourne contre le principe du mal. Il est doux, au milieu du renversement général, de pressentir les plans de la Divinité.

---

(1) Saint Paul aux Rom. VIII, 22 et suiv.

Le système de la Palingénésie de Charles Bonnet a quelques points de contact avec ce texte de St. Paul ; mais cette idée ne l'a pas conduit à celle d'une dégradation antérieure : elles s'accordent cependant fort bien.

Jamais nous ne verrons tout pendant notre voyage, et souvent nous nous tromperons ; mais dans toutes les sciences possibles, excepté les sciences exactes, ne sommes-nous pas réduits à conjecturer? Et si nos conjectures sont plausibles; si elles ont pour elles l'analogie; si elles s'appuient sur des idées universelles; si surtout elles sont consolantes et propres à nous rendre meilleurs, que leur manque-t-il? Si elles ne sont pas vraies, elles sont bonnes ; ou plutôt, puisqu'elles sont bonnes, ne sont-elles pas vraies?

Après avoir envisagé la révolution française sous un point de vue purement moral, je tournerai mes conjectures sur la politique, sans oublier cependant l'objet principal de mon ouvrage.

CHAPITRE IV.

LA RÉPUBLIQUE FRANÇAISE PEUT-ELLE DURER?

IL vaudroit mieux faire cette autre question *La république peut-elle exister?* On le suppose, mais c'est aller trop vite, et la *question préalable* semble très-fondée ; car la nature et l'histoire se réunissent pour établir qu'une grande république indivisible est une chose impossible. Un petit nombre de républicains renfermés dans les murs d'une ville peuvent, sans doute avoir des millions de sujets : ce fut le cas de Rome ; mais il ne peut exister une grande nation libre sous un gouvernement républicain. La chose est si claire d'elle-même, que la théorie pourroit se passer de l'expérience ; mais l'expérience, qui décide toutes les questions en politique comme en physique, est ici parfaitement d'accord avec la théorie.

Qu'a-t-on pu dire aux Français pour les engager à croire à la république de vingt-quatre millions d'hommes ? Deux choses seulement : 1.º Rien n'empêche qu'on ne voie ce qu'on n'a jamais vu ; 2.º la découverte du système représentatif rend possible pour nous ce qui ne l'étoit pas pour nos devanciers. Examinons la force de ces deux argumens.

Si l'on nous disoit qu'un dé, jeté cent millions de fois, n'a jamais présenté, en se reposant, que cinq nombres, 1, 2, 3, 4 et 5, pourrions-nous croire que le 6 se trouve sur l'une des faces ? Non, sans doute ; et il nous seroit démontré, comme si nous l'avions vu, qu'une des six faces est blanche, ou que l'un des nombres est répété.

Eh bien ! parcourons l'histoire, nous y verrons ce qu'on appelle *la Fortune* jetant le dé sans relâche depuis quatre mille ans : a-t-elle jamais amené GRANDE RÉPUBLIQUE ? Non. Donc ce *nombre* n'étoit point sur le dé.

Si le monde avoit vu successivement de nouveaux gouvernemens, nous n'aurions nul droit d'affirmer que telle ou telle forme est impossible, parce qu'on ne l'a jamais vue; mais il en est tout autrement : on a vu toujours la monarchie et quelquefois la république. Si l'on veut ensuite se jeter dans les sous-divisions, on peut appeler *démocratie* le gouvernement où la masse exerce la souveraineté, et *aristocratie* celui où la souveraineté appartient à un nombre plus ou moins restreint de familles privilégiées.

Et tout est dit.

La comparaison du dé est donc parfaitement exacte : les mêmes nombres étant toujours sortis du cornet de la Fortune, nous sommes autorisés, par la théorie des probabilités, à soutenir qu'il n'y en a pas d'autres.

Ne confondons point les essences des choses avec leurs modifications : les premières sont inaltérables et reviennent toujours ; les secondes changent et varient un peu le spectacle, du moins pour la multitude ; car tout œil exercé pénètre aisément l'habit variable dont l'éternelle nature s'enveloppe suivant les temps et les lieux.

Qu'y a-t-il, par exemple, de particulier et de nouveau dans les trois pouvoirs qui constituent le gouvernement d'Angleterre, les noms de *Pairs* et celui de *Communes*, la robe des Lords, etc.? Mais les trois pouvoirs, considérés d'une manière abstraite, se trouvent partout où se trouve la liberté sage et durable ; on les trouve surtout à Sparte, où le gouvernement, avant Lycurgue, *estoit toujours en branle, inclinant tantost à tyrannie, quand les roys y avoyent trop de puissance, et tantost à confusion populaire, quand le commun peuple venoit à y usurper trop d'authorité.* Mais Lycurgue mit entre deux le sénat, *qui fut, ainsi que dit Platon, un contre-poids salutaire..... et une forte barrière tenant les deux extrémités en égale balance, et donnant pied ferme et asseuré à l'estat de la chose publique, pour ce que les sénateurs.... se rangeoyent aucunefois du costé des roys tant que besoing estoit pour résister à la témérité populaire ; et au contraire aussi fortifioyent aucunefois la partie du peuple à l'encontre des roys, pour les garder qu'ils n'usurpassent une puissance tyrannique* (1).

Ainsi, il n'y a rien de nouveau, et la grande république est impossible, parce qu'il n'y a jamais eu de grande république.

Quant au système représentatif qu'on croit capable de résoudre le problème ; je me sens entraîné dans une digression qu'on voudra bien me pardonner.

Commençons par remarquer que ce système n'est point du tout une découverte moderne, mais une *production*, ou, pour mieux dire, une *pièce* du gouvernement féodal, lorsqu'il fut parvenu à ce point de maturité et d'équilibre, qui le rendit, à tout prendre, ce qu'on a vu de plus parfait dans l'univers (2).

L'autorité royale ayant formé les communes, les appela dans les assemblées nationales ; elles ne pouvoient y paroître que par leurs mandataires : de là le système représentatif.

---

(1) Plutarque, Vie de Lyc., trad. d'Amyot.
(2) *Je ne crois pas qu'il y ait eu sur la terre de gouvernement si bien tempéré, etc.* (Montesquieu, Esprit des lois, liv. XI, chap. 8.)

Pour le dire en passant, il en fut de même du jugement par jurés. La hiérarchie des mouvances appeloit les vassaux du même ordre dans la cour de leurs suzerains respectifs ; de là naquit la maxime que tout homme devoit être jugé par ses pairs (*pares curtis*) (1) : maxime que les Anglais ont retenue dans toute sa latitude, et qu'ils ont fait suivre à sa cause génératrice ; au lieu que les Français, moins tenaces, ou cédant peut-être à des circonstances invincibles, n'en ont pas tiré le même parti.

Il faudroit être bien incapable de pénétrer ce que Bacon appeloit *interiora rerum*, pour imaginer que les hommes ont pu s'élever par un raisonnement antérieur à de pareilles institutions, et qu'elles peuvent être le fruit d'une délibération.

Au reste, la représentation nationale n'est point particulière à l'Angleterre : elle se trouve dans toutes les monarchies de l'Europe ; mais elle est vivante dans la Grande-Bretagne : ailleurs, elle est morte ou elle dort ; et il n'entre point dans le plan de ce petit ouvrage, d'examiner si c'est pour le malheur de l'hu-

---

(1) Voy. le livre des Fiefs, à la suite du Droit romain.

manité qu'elle a été suspendue, et s'il conviendroit de se rapprocher des formes anciennes. Il suffit d'observer, d'après l'histoire, 1.º qu'en Angleterre, où la représentation nationale a obtenu et retenu plus de force que partout ailleurs, il n'en est pas question avant le milieu du treizième siècle (1); 2.º qu'elle ne fut point une invention, ni l'effet d'une délibération, ni le résultat de l'action du peuple usant de ses droits antiques; mais qu'un soldat ambitieux, pour satisfaire ses vues particulières, créa réellement la balance des trois pouvoirs après la bataille de Lewes, sans savoir ce qu'il faisoit, comme il arrive toujours; 3.º que non-seulement la convocation des communes dans le conseil national fut une concession du monarque, mais que, dans le principe, le Roi nommoit les représentans des provinces, cités et bourgs; 4.º qu'après même que les communes se furent arrogé le droit de dé-

---

(1) Les démocrates d'Angleterre ont tâché de remonter beaucoup plus haut les droits des communes, et ils ont vu le peuple jusque dans les fameux WITTENAGE-MOTS; mais il a fallu abandonner de bonne grâce une thèse insoutenable. (Hume, tom. I, append. I. p. 144. Append. II, page 407. Edit. in-4.º, London, Millar, 1762.)

puter au parlement, pendant le voyage d'Edouard I.ᵉʳ en Palestine, elles y eurent seulement voix consultative ; qu'elles présentoient leurs *doléances*, comme les états-généraux de France, et que la formule des concessions émanant du trône ensuite de leurs pétitions, étoit constamment : *Accordé par le Roi et les seigneurs spirituels et temporels, aux humbles prières des communes ;* 5.° enfin, que la puissance colégislative attribuée à la chambre des communes, est encore bien jeune, puisqu'elle remonte à peine au milieu du XV.ᵉ siècle.

Si l'on entend donc par ce mot de représentation nationale, un *certain* nombre de représentans envoyés par *certains* hommes, pris dans *certaines* villes ou bourgs, en vertu d'une ancienne concession du souverain, il ne faut pas disputer sur les mots, ce gouvernement existe, et c'est celui d'Angleterre. Mais si l'on veut que *tout* le peuple soit représenté, qu'il ne puisse l'être qu'en vertu d'un mandat (1), et que *tout* citoyen soit

---

(1) On suppose assez souvent, par mauvaise foi ou par inattention, que le *mandataire* seul peut être *représentant :* c'est une erreur. Tous les jours, dans les

habile à donner ou à recevoir de ces mandats, à quelques exceptions près, physiquement et moralement inévitables ; et si l'on prétend encore joindre à un tel ordre de choses l'abolition de toute distinction et fonction héréditaire, cette représentation est une chose qu'on n'a jamais vue, et qui ne réussira jamais.

On nous cite l'Amérique : je ne connois rien de si impatientant que les louanges décernées à cet enfant au maillot : laissez-le grandir.

Mais pour mettre toute la clarté possible dans cette discussion, il faut remarquer que les fauteurs de la république française ne sont pas tenus seulement de prouver que la représentation *perfectionnée*, comme disent les novateurs, est possible et bonne ; mais encore que le peuple, par ce moyen, peut retenir *sa souveraineté* (comme ils disent encore), et former dans sa totalité, une république. C'est le nœud de la question ; car si la *république* est

---

tribunaux, l'enfant, le fou et l'absent sont représentés par des hommes qui ne tiennent leur mandat que de la loi : or, le *peuple* réunit éminemment ces trois qualités ; car il est toujours *enfant*, toujours *fou* et toujours *absent*. Pourquoi donc ses *tuteurs* ne pourroient-ils se passer de ces mandats ?

dans la capitale, et que le reste de la France soit *sujet* de la république, ce n'est pas le compte du *peuple souverain.*

La commission chargée en dernier lieu de présenter un mode pour le renouvellement du tiers, porte le nombre des Français à trente millions. Accordons ce nombre, et supposons que la France garde ses conquêtes. Chaque année, aux termes de la constitution, deux cent cinquante personnes sortant du corps législatif seront remplacées par deux cent cinquante autres. Il s'ensuit que si les quinze millions de mâles que suppose cette population, étoient immortels, habiles à la représentation et nommés par ordre, invariablement, chaque Français viendroit exercer à son tour la souveraineté nationale tous les soixante mille ans (1).

Mais comme on ne laisse pas que de mourir de temps en temps dans un tel intervalle; que d'ailleurs on peut répéter les élections sur les mêmes têtes, et qu'une foule d'individus, de par la nature et le bon sens, seront tou-

---

(1) Je ne tiens point compte des cinq places de Directeurs. A cet égard la chance est si petite, qu'elle peut être considérée comme zéro.

jours inhabiles à la représentation nationale, l'imagination est effrayée du nombre prodigieux de souverains condamnés à mourir sans avoir régné.

Rousseau a soutenu que *la volonté nationale ne peut être déléguée ;* on est libre de dire oui et non, et de disputer mille ans sur ces questions de collége. Mais ce qu'il y a de sûr, c'est que le système représentatif exclut directement l'exercice de la souveraineté, surtout dans le système français, où les droits du peuple se bornent à nommer ceux qui nomment; où non-seulement il ne peut donner de mandats spéciaux à ses représentans, mais où la loi prend soin de briser toute relation entr'eux et leurs provinces respectives, en les avertissant qu'*ils ne sont point envoyés par ceux qui les ont envoyés*, mais par la *nation ;* grand mot infiniment commode, parce qu'on a fait ce qu'on veut. En un mot, il n'est pas possible d'imaginer une législation mieux calculée pour anéantir les droits du peuple. Il avoit donc bien raison ce vil conspirateur jacobin, lorsqu'il disoit rondement dans un interrogatoire judiciaire : *Je crois le gouvernement actuel usurpateur de l'autorité, violateur de tous les droits du peuple qu'il a réduit au plus déplorable esclavage. C'est l'affreux système du bonheur d'un petit nombre, fondé sur l'oppression de la masse. Le peuple est tellement emmuselé, tellement environné de chaînes par ce gouvernement aristocratique, qu'il lui devient plus difficile que jamais de les briser* (1).

Eh! qu'importe à la *nation* le vain bonheur de la représentation, dont elle se mêle si indirectement, et auquel des milliards d'individus ne parviendront jamais? La souveraineté et le gouvernement lui sont-ils moins étrangers?

Mais, dira-t-on, en rétorquant l'argument, qu'importe à la nation le vain honneur de la représentation, si le système reçu établit la liberté publique?

Ce n'est pas de quoi il s'agit; la question n'est pas de savoir si le peuple français peut être *libre* par la constitution qu'on lui a donnée, mais s'il peut être *souverain*. On change la question pour échapper au raisonnement. Commençons par exclure l'exercice de la souveraineté; insistons sur ce point fondamental, que le souverain sera toujours à Paris, et que tout ce fracas de représentation ne signifie rien; que le *peuple* demeure parfaite-

---

(1) Voyez l'interrogatoire de Babœuf, juin 1796.

ment étranger au gouvernement ; qu'il est sujet plus que dans la monarchie, et que les mots de *grande république* s'excluent comme ceux de *cercle carré*. Or, c'est ce qui est démontré arithmétiquement.

La question se réduit donc à savoir s'il est de l'intérêt du peuple français d'être *sujet* d'un directoire exécutif et de deux conseils institués suivant la constitution de 1795, plutôt que d'un Roi régnant suivant les formes anciennes.

Il y a bien moins de difficulté à résoudre un problème qu'à le poser.

Il faut donc écarter ce mot de *république*, et ne parler que du *gouvernement*. Je n'examinerai point s'il est propre à faire le bonheur public ; les Français le savent si bien ! Voyons seulement si tel qu'il est, et de quelque manière qu'on le nomme, il est permis de croire à sa durée.

Elevons-nous d'abord à la hauteur qui convient à l'être intelligent, et de ce point de vue élevé, considérons la source de ce gouvernement.

Le mal n'a rien de commun avec l'existence ; il ne peut créer, puisque sa force est purement négative : *Le mal est le schisme de l'être ; il nest pas vrai*.

Or,

Or, ce qui distingue la révolution française, et ce qui en fait un *évènement* unique dans l'histoire, c'est qu'elle est *mauvaise* radicalement, aucun élément de bien n'y soulage l'œil de l'observateur; c'est le plus haut degré de corruption connu; c'est la pure impureté.

Dans quelle page de l'histoire trouvera-t-on une aussi grande quantité de vices agissant à la fois sur le même théâtre? Quel assemblage épouvantable de bassesse et de cruauté! Quelle profonde immoralité! Quel oubli de toute pudeur!

La jeunesse de la liberté a des caractères si frappans, qu'il est impossible de s'y méprendre. A cette époque, l'amour de la patrie est une religion, et le respect pour les lois est une superstition; les caractères sont fortement prononcés, les mœurs sont austères; toutes les vertus brillent à la fois; les factions tournent au profit de la patrie, parce qu'on ne se dispute que l'honneur de la servir, tout, jusqu'au crime, porte l'empreinte de la grandeur.

Si l'on rapproche de ce tableau celui que nous offre la France, comment croire à la durée d'une liberté qui commence par la gangrène ? Ou, pour parler plus exactement, comment croire que cette liberté puisse naître (car elle n'existe point encore), et que du sein de la corruption la plus dégoûtante, puisse sortir cette forme de gouvernement qui se passe de vertus moins que toutes les autres ? Lorsqu'on entend ces prétendus républicains parler de liberté et de vertu, on croit voir une courtisane fanée, jouant les airs d'une vierge avec une pudeur de carmin.

Un journal républicain nous a transmis l'anecdote suivante sur les mœurs de Paris. « On plaidait devant le Tribunal civil une
» cause de séduction ; une jeune fille de 14 ans
» étonnoit les juges par un degré de corrup-
» tion qui le disputoit à la profonde immora-
» lité de son séducteur ; plus de la moitié de
» l'auditoire étoit composé de jeunes femmes
» et de jeunes filles ; parmi celles-ci, plus de
» vingt n'avoient pas treize à quatorze ans,
» plusieurs étoient à côté de leurs mères ; et au
» lieu de se couvrir le visage, elles rioient avec
» éclat aux détails nécessaires, mais dégoû-
» tans qui faisoient rougir les hommes (1) ».
Lecteur, rappelez-vous ce Romain qui, dans

---

(1) Journal de l'opposition, 1795, n.° 173, p. 705.

les beaux jours de Rome, fut puni pour avoir embrassé sa femme devant ses enfans; faites le parallèle et concluez.

La révolution française a parcouru, sans doute, une période dont tous les momens ne se ressemblent pas ; cependant, son caractère général n'a jamais varié, et dans son berceau même, elle prouva tout ce qu'elle devoit être. C'étoit un certain délire inexplicable, une impétuosité aveugle, un mépris scandaleux de tout ce qu'il y a de respectable parmi les hommes : une atrocité d'un nouveau genre, qui plaisantoit de ses forfaits ; surtout une prostitution impudente du raisonnement, et de tous les mots faits pour exprimer des idées de justice et de vertu.

Si l'on s'arrête en particulier sur les actes de la Convention nationale, il est difficile de rendre ce qu'on éprouve. Lorsque j'assiste par la pensée à l'époque de son rassemblement, je me sens transporté comme le barde sublime de l'Angleterre dans un monde intellectuel; je vois l'ennemi du genre humain séant au Manége, et convoquant tous les *esprits mauvais* dans ce nouveau *pandæmonium ;* j'entends distinctement *il rauco suon delle tartare trombe ;* je vois tous les vices de la France accourir à l'appel, et je ne sais si j'écris une allégorie.

Et maintenant encore, voyez comment le crime sert de base à tout, cet échafaudage républicain, ce mot de *citoyen* qu'ils ont substitué aux formes antiques de la politesse, ils le tiennent des plus vils des humains : ce fut dans une de leurs orgies législatrices que des brigands inventèrent ce nouveau titre. Le calendrier de la république, qui ne doit point seulement être envisagé par son côté ridicule, fut une conjuration contre le culte ; leur ère date des plus grands forfaits qui aient déshonoré l'humanité, ils ne peuvent dater un acte sans se couvrir de honte, en rappelant la flétrissante origine d'un gouvernement dont les fêtes font même pâlir.

Est-ce donc de cette fange sanglante que doit sortir un gouvernement durable ? Qu'on ne ne nous objecte point les mœurs féroces et licencieuses des peuples barbares qui sont cependant devenus ce que nous voyons : l'ignorance barbare a présidé, sans doute, à nombre d'établissemens politiques ; mais la barbarie savante, l'atrocité systématique, la corruption calculée, et surtout l'irréligion, n'ont jamais rien produit. La verdeur mène à la maturité; la pourriture ne mène à rien.

A-t-on vu, d'ailleurs, un gouvernement et surtout une constitution libre, commencée malgré les membres, et se passer de leur assentiment? C'est cependant le phénomène que nous présenteroit ce météore que l'on appelle *république française*, s'il pouvoit durer. On croit ce gouvernement fort, parce qu'il est violent; mais la force diffère de la violence autant que de la foiblesse; et la manière étonnante dont il opère dans ce moment, fournit peut-être seul la démonstration qu'il ne peut opérer long-temps. La nation française ne *veut* point ce gouvernement, elle le *souffre*, elle y demeure soumise, ou parce qu'elle ne le peut secouer, ou parce qu'elle craint quelque chose de pire. La république ne repose que sur ces deux colonnes, qui n'ont rien de réel; on peut dire qu'elle porte en entier sous deux négations. Aussi, il est bien remarquable que les écrivains, amis de la république, ne s'attachent point à montrer la bonté de ce gouvernement, ils sentent bien que c'est le foible de la cuirasse; ils disent seulement, aussi hardiment qu'ils peuvent, qu'il est possible; et passant légèrement sur cette thèse comme sur des charbons ardens, ils s'attachent uniquement à prouver aux

Français qu'ils s'exposeroient aux plus grands maux, s'ils revenoient à leur ancien gouvernement. C'est sur ce chapitre qu'ils sont diserts; ils ne tarissent pas sur les inconvéniens des révolutions. Si vous les pressiez, ils seroient gens à vous accorder que celle qui a créé le gouvernement actuel, fut un crime, pourvu qu'on leur accorde qu'il n'en faut pas faire une nouvelle. Ils se mettent à genoux devant la nation française; ils la supplient de garder la république. On sent, dans tout ce qu'ils disent sur la stabilité du gouvernement, non la conviction de la raison, mais le rêve du désir.

Passons au grand anathème qui pèse sur la république.

CHAPITRE V.

DE LA RÉVOLUTION FRANÇAISE CONSIDÉRÉE DANS SON CARACTÈRE ANTI-RELIGIEUX. — DIGRESSION SUR LE CHRISTIANISME.

Il y a dans la révolution française, un caractère *satanique* qui la distingue de tout ce qu'on a vu, et peut-être de tout ce qu'on verra.

Qu'on se rappelle les grandes séances! le discours de Robespierre contre le sacerdoce, l'apostasie solennelle des prêtres, la profanation des objets du culte, l'inauguration de la déesse Raison, et cette foule de scènes inouïes où les provinces tâchoient de surpasser Paris; tout cela sort du cercle ordinaire des crimes, et semble appartenir à un autre monde.

Et maintenant même que la révolution a beaucoup rétrogradé, les grands excès ont disparu, mais les principes subsistent. Les *législateurs* (pour me servir de leur terme) n'ont-ils pas prononcé ce mot isolé dans l'histoire : *La nation ne salarie aucun culte?* Quelques hommes de l'époque où nous vivons m'ont paru, dans certains momens, s'élever jusqu'à la haine pour la Divinité; mais cet affreux tour de force n'est pas nécessaire pour rendre inutiles les plus grands efforts constituans : l'oubli seul du grand Etre (je ne dis pas le mépris), est un anathème irrévocable sur les ouvrages humains qui en sont flétris. Toutes les institutions imaginables reposent sur une idée religieuse, ou ne font que passer. Elles sont fortes et durables à mesure qu'elles sont *divinisées*, s'il est permis de s'exprimer ainsi. Non-seulement la raison humaine, ou ce qu'on appelle la *philosophie*, sans savoir ce qu'on dit, ne peut suppléer à ces bases qu'on appelle superstitieuses, toujours sans savoir ce qu'on dit; mais la philosophie est, au contraire, une puissance essentiellement désorganisatrice.

En un mot, l'homme ne peut représenter le Créateur qu'en se mettant en rapport avec lui. Insensés que nous sommes! si nous voulons qu'un miroir réfléchisse l'image du soleil, le tournons-nous vers la terre?

Ces réflexions s'adressent à tout le monde, au croyant comme au sceptique; c'est un fait que j'avance et non une thèse. Qu'on rie de ces idées ou qu'on les vénère, n'importe : elles ne forment pas moins (vraies ou fausses) la base unique de toutes les institutions durables.

Rousseau, l'homme du monde peut-être qui s'est le plus trompé, a cependant rencontré cette observation, sans avoir voulu en tirer les conséquences.

La loi judaïque, dit-il, *toujours subsistante; celle de l'enfant d'Ismaël, qui, depuis dix siècles, régit la moitié du monde, annoncent encore aujourd'hui les grands hommes qui les ont dictées.... L'orgueilleuse philosophie ou l'aveugle esprit de parti ne voit en eux que d'heureux imposteurs.* (1)

Il ne tenoit qu'à lui de conclure, au lieu de nous parler de *ce grand et puissant génie qui préside aux établissemens durables :* comme si cette poésie expliquoit quelque chose !

Lorsqu'on réfléchit sur des faits attestés par l'histoire entière ; lorsqu'on envisage la chaîne des établissemens humains, depuis ces grandes institutions qui sont des époques du monde, jusqu'à la plus petite organisation sociale; depuis l'empire jusqu'à la confrérie, ont une base divine, et que la puissance humaine, toutes les fois qu'elle s'est isolée, n'a pu donner à ses œuvres qu'une existence fausse et passagère; que penserons-nous du nouvel édifice français

---

(1) Contrat social, liv. 1, chap. 8.

et de la puissance qu'il a produite? Pour moi, je ne croirai jamais à la fécondité du néant.

Ce seroit une chose curieuse d'approfondir successivement nos institutions européennes, et de montrer comment elles sont toutes *christianisées ;* comment la religion se mêlant à tout, anime et soutient tout. Les passions humaines ont beau souiller, dénaturer même les créations primitives, si le principe est divin, c'en est assez pour leur donner une durée prodigieuse. Entre mille exemples, on peut citer celui des ordres militaires ; certainement on ne manquera point aux membres qui les composent en affirmant que l'objet religieux ne peut pas être le premier dont ils s'occupent : n'importe, ils subsistent, et cette durée est un prodige. Combien d'esprits superficiels rient de cet amalgame si étrange d'un moine et d'un soldat ! Il vaudroit mieux s'extasier sur cette force cachée, par laquelle ces ordres ont percé les siècles, comprimé des puissances formidables, et résisté à des choses qui nous étonnent encore dans l'histoire. Or, cette force, c'est le nom sur lequel ces institutions reposent ; car rien *n'est* que par *celui qui est.* Au milieu du bouleversement général dont nous sommes témoins, le défaut d'éducation fixe surtout l'œil inquiet des amis de l'ordre. Plus d'une fois on les a entendus dire qu'il faudroit rétablir les Jésuites. Je ne discute point ici le mérite de l'ordre ; mais ce vœu ne suppose pas des réflexions bien profondes. Ne diroit-on pas que saint Ignace est là prêt à servir nos vues ? Si l'ordre est détruit, quelques frères cuisiniers peut-être pourroient le rétablir par le même esprit qui le créa ; mais tous les souverains de l'univers n'y réussiroient pas.

Il est une loi divine aussi certaine, aussi palpable que les lois du mouvement.

Toutes les fois qu'un homme se met, suivant ses forces, en rapport avec le Créateur, et qu'il produit une institution quelconque au nom de la Divinité; quelle que soit d'ailleurs sa foiblesse individuelle, son ignorance et sa pauvreté, l'obscurité de sa naissance, en un mot, son dénûment absolu de tous les moyens humains, il participe en quelque manière à la toute-puissance dont il s'est fait l'instrument; il produit des œuvres dont la force et la durée étonnent la raison.

Je supplie tout lecteur attentif de vouloir bien regarder autour de lui; jusque dans les moindres objets, il trouvera la démonstration de ces grandes vérités. Il n'est pas nécessaire de remonter au *fils d'Ismaël*, à Lycurgue, à Numa, à Moïse, dont les législations furent toutes religieuses; une fête populaire, une danse rustique suffisent à l'observateur. Il verra dans quelques pays protestans certains rassemblemens, certaines réjouissances populaires, qui n'ont plus de causes apparentes, et qui tiennent à des usages catholiques absolument oubliés. Ces sortes de fêtes n'ont en elles-mêmes rien de moral, rien de respectable : n'importe, elles tiennent, quoique de très-loin, à des idées religieuses ; c'en est assez pour les perpétuer. Trois siècles n'ont pu les faire oublier.

Mais vous, maîtres de la terre! princes, rois, empereurs, puissantes majestés, invincibles conquérans ! essayez seulement d'amener le peuple un tel jour de chaque année dans un endroit marqué, pour y danser. Je vous demande peu, mais j'ose vous donner le défi solennel d'y réussir, tandis que le plus humble missionnaire y parviendra, et se fera obéir deux mille ans après sa mort. Chaque année, au nom de *saint* Jean, de *saint* Martin, de *saint* Benoît, etc., le peuple se rassemble autour d'un temple rustique ; il arrive, animé d'une alégresse bruyante et cependant innocente; la religion sanctifie la joie, et la joie embellit la religion : il oublie ses peines ; il pense, en se retirant, au plaisir qu'il aura l'année suivante au même jour, et ce jour pour lui est une date.

A côté de ce tableau, placez celui des maîtres de la France, qu'une révolution inouïe a revêtus de tous les pouvoirs, et qui ne peuvent organiser une simple fête. Ils prodiguent l'or, ils appellent tous les arts à leur secours, et le citoyen reste chez lui, ou ne se rend à l'appel que pour rire des ordonnateurs. Ecoutez le dépit de l'impuissance ! Ecoutez ces paroles mémorables d'un de ces *députés du peuple* parlant au *Corps législatif*, dans une séance du mois de janvier 1796 : « Quoi donc (s'écrioit-il) !
« des hommes étrangers à nos mœurs, à nos
» usages, seroient parvenus à établir des fêtes
» ridicules pour des évènemens inconnus, en
» l'honneur d'hommes dont l'existence est un
» problème. Quoi ! ils auront pu obtenir l'em-
» ploi de fonds immenses, pour répéter chaque
» jour, avec une triste monotonie, des céré-
» monies insignifiantes et souvent absurdes ;
» et les hommes qui ont renversé la Bastille
» et le trône, les hommes qui ont vaincu l'Eu-
» rope, ne réussiront point à conserver, par
» des fêtes nationales, le souvenir des grands
» évènemens qui immortalisent notre révo-
» lution ! »

O délire ! ô profondeur de la foiblesse humaine ! Législateurs ! méditez ce grand aveu ; il vous apprend ce que vous êtes et ce que vous pouvez. Maintenant que vous faut-il de plus pour juger le système français ? Si sa nullité n'est pas claire, il n'y a rien de certain dans l'univers.

Je suis si persuadé des vérités que je défends, que lorsque je considère l'affoiblissement général des principes moraux, la divergence des opinions, l'ébranlement des souverainetés qui manquent de base, l'immensité de nos besoins et l'inanité de nos moyens, il me semble que tout vrai philosophe doit opter entre ces deux hypothèses : ou qu'il va se former une nouvelle religion, ou que le christianisme sera rajeuni de quelque manière extraordinaire. C'est entre ces deux suppositions qu'il faut choisir, suivant le parti qu'on a pris sur la vérité du christianisme.

Cette conjecture ne sera repoussée dédaigneusement que par ces hommes à courte vue, qui ne croient possible que ce qu'ils voient. Quel homme de l'antiquité eût pu prévoir le christianisme ? Et quel homme étranger à cette religion eût pu, dans ses commencemens, en prévoir le succès ? Comment savons-nous qu'une grande révolution morale n'est pas commencée ? Pline, comme il est prouvé par sa fameuse lettre, n'avoit pas la moindre idée de ce géant dont il ne voyoit que l'enfance.

Mais quelle foule d'idées viennent m'assaillir dans ce moment, et m'élèvent aux plus hautes contemplations !

La génération présente est témoin de l'un des plus grands spectacles qui jamais ait occupé l'œil humain : c'est le combat à outrance du christianisme et du philosophisme. La lice est ouverte, les deux ennemis sont aux prises, et l'univers regarde.

On voit, comme dans Homère, *le père des dieux et des hommes*, soulevant les balances qui pèsent les deux grands intérêts ; bientôt l'un des bassins va descendre.

Pour l'homme prévenu, et dont le cœur surtout a convaincu la tête, les évènemens ne prouvent rien ; le parti étant pris irrévocablement en oui ou en non, l'observation et le raisonnement sont également inutiles. Mais vous tous, hommes de bonne foi, qui niez ou qui doutez, peut-être, que cette grande époque du christianisme fixera vos irrésolutions. Depuis dix-huit siècles, il règne sur une grande partie du monde, et particulièrement sur la portion la plus éclairée du globe. Cette religion ne s'arrête pas même à cette époque antique; arrivée à son fondateur, elle se noue à un autre ordre de choses, à une religion typique qui l'a précédée. L'une ne peut être vraie sans que l'autre le soit : l'une se vante de promettre ce que l'autre se vante de tenir; en sorte que celle-ci, par un enchaînement qui est un fait visible, remonte à l'origine du monde.

> Elle naquit le jour que naquirent les jours.

Il n'y a pas d'exemple d'une telle durée; et, à s'en tenir même au christianisme, aucune institution, dans l'univers, ne peut lui être opposée. C'est pour chicaner qu'on lui compare d'autres religions; plusieurs caractères frappans excluent toute comparaison : ce n'est pas ici le lieu de les détailler; un mot seulement, et c'est assez. Qu'on nous montre une autre religion fondée sur des faits miraculeux, et révélant des dogmes incompréhensibles, crue pendant dix-huit siècles, par une grande partie du genre humain, et défendue d'âge en âge par les premiers hommes du temps, depuis Origène jusqu'à Pascal, malgré les derniers efforts d'une secte ennemie, qui n'a cessé de rugir depuis Celse jusqu'à Condorcet.

Chose

Chose admirable! lorsqu'on réfléchit sur cette grande institution, l'hypothèse la plus naturelle, celle que toutes les vraisemblances environnent, c'est celle d'un établissement divin. Si l'œuvre est humaine, il n'y a plus moyen d'en expliquer le succès : en excluant le prodige, on le ramène.

Toutes les nations, dit-on, ont pris du cuivre pour de l'or. Fort bien : mais ce cuivre a-t-il été jeté dans le creuset européen, et soumis, pendant dix-huit siècles, à notre chimie observatrice ? ou, s'il a subi cette épreuve, s'en est-il tiré à son honneur ? Newton croyoit à l'incarnation ; mais Platon, je pense, croyoit peu à la naissance merveilleuse de Bacchus.

Le christianisme a été prêché par des ignorans et cru par des savans, et c'est en quoi il ne ressemble à rien de connu.

De plus, il s'est tiré de toutes les épreuves. On dit que la persécution est un vent qui nourrit et propage la flamme du fanatisme. Soit : Dioclétien favorisa le christianisme ; mais, dans cette supposition, Constantin devoit l'étouffer, et c'est ce qui n'est pas arrivé. Il a résisté à tout, à la paix, à la guerre, aux échafauds, aux triomphes, aux poignards, aux délices, à l'orgueil, à l'humiliation, à la pauvreté, à l'opulence, à la nuit du moyen âge et au grand jour des siècles de Léon X et de Louis XIV. Un empereur tout-puissant et maître de la plus grande partie du monde connu, épuisa jadis contre lui toutes les ressources de son génie; il n'oublia rien pour relever les dogmes anciens; il les associa habilement aux idées platoniques qui étoient à la mode. Cachant la rage qui l'animoit sous le masque d'une tolérance purement extérieure, il employa contre le culte ennemi les armes auxquelles nul ouvrage humain n'a résisté; il le livra au ridicule : il appauvrit le sacerdoce pour le faire mépriser; il le priva de tous les appuis que l'homme peut donner à ses œuvres : diffamations, cabales, injustice, oppression, ridicule, force et adresse, tout fut inutile ; *le Galiléen* l'emporta sur Julien *le philosophe*.

Aujourd'hui enfin, l'expérience se répète avec des circonstances encore plus favorables, rien n'y manque de tout ce qui peut la rendre décisive. Soyez donc bien attentifs, vous tous que l'histoire n'a point assez instruits. Vous disiez que le sceptre soutenoit la tiare ; eh bien! il n'y a plus de sceptre dans la grande arène, il est brisé, et les morceaux sont jetés dans la boue. Vous ne saviez pas jusqu'à quel point l'influence d'un sacerdoce riche et puissant pouvoit soutenir les dogmes qu'il prêchoit ; je ne crois pas trop qu'il y ait une puissance de faire croire ; mais passons. Il n'y a plus de prêtres ; on les a chassés, égorgés, avilis ; on les a dépouillés : et ceux qui ont échappé à la guillotine, aux bûchers, aux poignards, aux fusillades, aux noyades, à la déportation, reçoivent aujourd'hui l'aumône qu'ils donnoient jadis. Vous craigniez la force de la coutume, l'ascendant de l'autorité, les illusions de l'imagination : il n'y a plus rien de tout cela ; il n'y a plus de coutume ; il n'y a plus de maître : l'esprit de chaque homme est à lui. La philosophie ayant rongé le ciment qui unissoit les hommes, il n'y a plus d'agrégations morales. L'autorité civile, favorisant de toutes ses forces le renversement du système ancien, donne aux ennemis du christianisme tout l'appui qu'elle lui accordoit jadis : l'esprit humain prend toutes les formes imaginables pour combattre l'ancienne religion nationale. Ces efforts sont applaudis et payés, et les efforts contraires sont des crimes. Vous n'avez plus rien à craindre de l'enchantement des yeux, qui sont toujours les premiers trompés ; un appareil pompeux, de vaines cérémonies, n'en imposent plus à des hommes devant lesquels on se joue de tout depuis sept ans. Les temples sont fermés, ou ne s'ouvrent qu'aux délibérations bruyantes et aux bacchanales d'un peuple effréné. Les autels sont renversés ; on a promené dans les rues des animaux immondes sous les vêtemens des pontifes ; les coupes sacrées ont servi à d'abominables orgies ; et sur ces autels que la foi antique environne de chérubins éblouis, on a fait monter des prostituées nues. Le philosophisme n'a donc plus de plaintes à faire ; toutes les chances humaines sont en sa faveur ; on fait tout pour lui et tout contre sa rivale. S'il est vainqueur, il ne dira pas comme César : *Je suis venu, j'ai vu et j'ai vaincu ;* mais enfin il aura vaincu : il peut battre des mains et s'asseoir fièrement sur une croix renversée. Mais si le christianisme sort de cette épreuve terrible plus pur et plus vigoureux ; si Hercule chrétien, fort de sa seule force, soulève *le fils de la terre,* et l'étouffe dans ses bras, *patuit Deus.* — Français ! faites place au Roi très-chrétien, portez-le vous-mêmes sur son trône antique ; relevez son oriflamme, et que son or, voyageant encore d'un pôle à l'autre, porte de toutes parts la devise triomphale :

LE CHRIST COMMANDE, IL RÈGNE, IL EST VAINQUEUR.

CHAPITRE VI.

DE L'INFLUENCE DIVINE DANS LES CONSTITUTIONS POLITIQUES.

L'homme peut tout modifier dans la sphère de son activité, mais il ne crée rien : telle est sa loi, au physique comme au moral.

L'homme peut sans doute planter un pépin, élever un arbre, le perfectionner par la greffe, et le tailler en cent manières ; mais jamais il ne s'est figuré qu'il avoit le pouvoir de faire un arbre.

Comment s'est-il imaginé qu'il avoit celui de faire une constitution ? Seroit-ce par l'expérience ? Voyons donc ce qu'elle nous apprend.

Toutes les constitutions libres, connues dans l'univers, se sont formées de deux manières. Tantôt elles ont, pour ainsi dire, *germé* d'une manière insensible, par la réunion d'une foule de ces circonstances que nous nommons fortuites ; et quelquefois elles ont un auteur unique qui paroît comme un phénomène, et se fait obéir.

Dans les deux suppositions, voici par quels caractères Dieu nous avertit de notre foiblesse et du droit qu'il s'est réservé dans la formation des gouvernemens.

1.° Aucune constitution ne résulte d'une délibération ; les droits des peuples ne sont jamais écrits, ou du moins les actes constitutifs ou les lois fondamentales écrites, ne sont jamais que des titres déclaratoires de droits antérieurs, dont on ne peut dire autre chose, sinon qu'ils existent parce qu'ils existent (1).

2.° Dieu n'ayant pas jugé à propos d'employer dans ce genre des moyens surnaturels, circonscrit au moins l'action humaine, au point que dans la formation des constitutions,

---

(1) *Il faudroit être fou pour demander qui a donné la liberté aux villes de Sparte, de Rome, etc. Ces républiques n'ont point reçu leurs chartes des hommes. Dieu et la nature les leur ont données.* (Sydney, Disc. sur le gouv., tom. I, § 2.) L'auteur n'est pas suspect.

les circonstances font tout, et que les hommes ne sont que des circonstances. Assez communément même, c'est en courant à un certain but qu'ils en obtiennent un autre, comme nous l'avons vu dans la constitution anglaise.

3.º Les droits du *peuple* proprement dit, partent assez souvent de la concession des souverains, et dans ce cas il peut en conster historiquement ; mais les droits du souverain et de l'aristocratie, du moins les droits essentiels, constitutifs et *radicaux*, s'il est permis de s'exprimer ainsi, n'ont ni date ni auteur.

4.º Les concessions même du souverain ont toujours été précédées par un état de choses qui les nécessitoit et qui ne dépendoit pas de lui.

5.º Quoique les lois écrites ne soient jamais que des déclarations de droits antérieurs, cependant, il s'en faut de beaucoup que tout ce qui peut être écrit le soit ; il y a même toujours dans chaque constitution, quelque chose qui ne peut être écrit (1), et qu'il faut laisser

---

(1) Le sage Hume a souvent fait cette remarque. Je ne citerai que le passage suivant : *C'est ce point de la constitution anglaise* (le droit de remontrance) *qu'il est très-difficile, ou pour mieux dire impossible de*

dans un nuage sombre et vénérable, sous peine de renverser l'état.

6.º Plus on écrit et plus l'institution est foible ; la raison en est claire. Les lois ne sont que des déclarations de droits, et les droits ne sont déclarés que lorsqu'ils sont attaqués ; en sorte que la multiplicité des lois constitutionnelles écrites, ne prouve que la multiplicité des chocs et le danger d'une destruction.

Voilà pourquoi l'institution la plus vigoureuse de l'antiquité profane fut celle de Lacédémone, où l'on n'écrivit rien.

7.º Nulle nation ne peut se donner la liberté si elle ne l'a pas (1). Lorsqu'elle commence à réfléchir sur elle-même, ses lois sont faites. L'influence humaine ne s'étend pas au delà du développement des droits existans, mais

---

régler par des lois : il doit être dirigé par certaines idées délicates d'à-propos et de décence, plutôt que par l'exactitude des lois et des ordonnances. (Hume Hist. d'Angl., Charles I, ch. 53, note B.).

Thomas Payne est d'un autre avis, comme on sait. Il prétend qu'une constitution n'existe pas lorsqu'on ne peut la mettre dans sa poche.

(1). *Un populo uso a vivere sotto un principe, se per qualche accidente diventa libero, con difficoltà mantiene la libertà.* (Mach., Disc. sop. Tit. Liv., lib. I, c. 16.)

qui étoient méconnus ou contestés. Si des imprudens franchissent ces limites par des réformes téméraires, la nation perd ce qu'elle avoit, sans atteindre ce qu'elle veut. De là résulte la nécessité de n'innover que très-rarement et toujours avec mesure et tremblement.

8.º Lorsque la Providence a décrété la formation plus rapide d'une constitution politique, il paroît un homme revêtu d'une puissance indéfinissable : il parle et il se fait obéir : mais ces hommes merveilleux n'appartiennent peut-être qu'au monde antique et à la jeunesse des nations. Quoi qu'il en soit, voici le caractère distinctif de ces législateurs par excellence. Ils sont rois, ou éminemment nobles : à cet égard, il n'y a et il ne peut y avoir aucune exception. Ce fut par ce côté que pécha l'institution de Solon, la plus fragile de l'antiquité (1). Les beaux jours d'Athènes, qui ne firent que passer (2), furent encore

---

(1) Plutarque a fort bien vu cette vérité : *Solon*, dit-il, *ne peut parvenir à maintenir longuement une cité en union et concorde..... pour ce qu'il estoit né de race populaire, et n'estoit pas des plus riches de sa ville, ains des moyens bourgeois seulement.* Vie de Solon, trad. d'Amyot.

(2) *Hæc extrema fuit ætas imperatorum Atheniensium Iphicratis, Chabriæ, Timothei ; neque post illo-*

interrompus par des conquêtes et par des tyrannies, et Solon même vit les Pisistratides.

9.º Ces législateurs même, avec leur puissance extraordinaire, ne font jamais que rassembler des élémens préexistans dans les coutumes et le caractère des peuples; mais ce rassemblement, cette formation rapide qui tiennent de la création, ne s'exécutent qu'au nom de la Divinité. La politique et la religion se fondent ensemble : on distingue à peine le législateur du prêtre ; et ses institutions publiques consistent principalement *en cérémonies et vacations religieuses* (1).

10.º La liberté, dans un sens, fut toujours un don des Rois ; car toutes les nations libres furent constituées par les Rois. C'est la règle générale, et les exceptions qu'on pourroit indiquer, rentreroient dans la règle, si elles étoient discutées (2).

---

rum obitum quisquam dux in illâ urbe fuit dignus memoriâ. (Corn. Nep. Vit. Timoth. c. 4.) De la bataille de Marathon à celle de Leucade, gagnée par Timothée, il s'écoula 114 ans. C'est le *diapason* de la gloire d'Athènes.

(1) Plutarque, Vie de Numa.

(1) *Neque ambigitur quin Brutus idem, qui tantùm gloriæ, superbo exacto rege, meruit, pessimo publico*

11.º Jamais il n'exista de nation libre, qui n'eût dans sa constitution naturelle des germes de liberté aussi anciens qu'elle, et jamais nation ne tenta efficacement de développer, par ses lois fondamentales écrites, d'autres droits que ceux qui existoient dans sa constitution naturelle.

12.º Une assemblée quelconque d'hommes ne peut constituer une nation ; et même cette entreprise excède en folie ce que tous les *Bedlams* de l'univers peuvent enfanter de plus absurde et de plus extravagant (1).

Prouver en détail cette proposition, après ce que j'ai dit, seroit, ce me semble, manquer de respect à ceux qui savent, et faire trop d'honneur à ceux qui ne savent pas.

13.º J'ai parlé d'un caractère principal des véritables législateurs ; en voici un autre qui est très-remarquable, et sur lequel il seroit aisé de faire un livre. C'est qu'ils ne sont jamais ce qu'on appelle des *savans*, qu'ils n'écri-

---

id facturus fuerit, si libertatis immaturæ cupidine priorum regum alicui regnum extorsisset, etc. Tit. Liv. II, 1. Le passage entier est très-digne d'être médité.

(1) *E necessario chè uno solo sia quello che dia il modo, e della cui mente dipenda qualunque simile ordinazione.* (Mach., Disc. sop. Tit. Liv. lib. I. cap. 9.)

vent point, qu'ils agissent par instinct et par impulsion, plus que par raisonnement, et qu'ils n'ont d'autre instrument pour agir, qu'une certaine force morale qui plie les volontés comme le vent courbe une moisson.

En montrant que cette observation n'est que le corollaire d'une vérité générale de la plus haute importance, je pourrois dire des choses intéressantes, mais je crains de m'égarer : j'aime mieux supprimer les intermédiaires, et courir aux résultats.

Il y a entre la politique théorique et la législation constituante, la même différence qui existe entre la poétique et la poésie. L'illustre Montesquieu est à Lycurgue, dans l'échelle générale des esprits, ce que Batteux est à Homère ou à Racine.

Il y a plus : ces deux talens s'excluent positivement, comme on l'a vu par l'exemple de Locke, qui broncha lourdement lorsqu'il s'avisa de vouloir donner des lois aux Américains.

J'ai vu un grand amateur de la république se lamenter sérieusement de ce que les Français n'avoient pas aperçu dans les œuvres de Hume, la pièce intitulée : *Plan d'une république parfaite.* — *O cæcas hominum mentes !* Si vous, voyez un homme ordinaire qui ait du bon sens, mais qui n'ait jamais donné, dans aucun genre, aucun signe extérieur de supériorité, cependant vous ne pouvez pas assurer qu'il ne peut être législateur. Il n'y a aucune raison de dire oui ou non; mais s'agit-il de Bacon, de Locke, de Montesquieu, etc., dites *non*, sans balancer; car le talent qu'il a, prouve qu'il n'a pas l'autre (1).

L'application des principes que je viens d'exposer à la constitution française, se présente naturellement; mais il est bon de l'envisager sous un point de vue particulier.

Les plus grands ennemis de la révolution française doivent convenir avec franchise, que la commission des onze qui a produit la dernière constitution, a, suivant toutes les apparences, plus d'esprit que son ouvrage, et qu'elle a fait peut-être tout ce qu'elle pouvoit faire. Elle disposoit de matériaux rebelles, qui ne lui permettoient pas de suivre les principes; et la division seule des pouvoirs, quoiqu'ils ne

---

(1) *Platon, Zénon, Chrysippe, ont fait des livres; mais Lycurgue fit des actes.* (Plutarq., Vie de Lycurgue.) Il n'y pas une seule idée saine en morale et en politique qui ait échappé au bon sens de Plutarque.

soient divisés que par une muraille (1), est cependant une belle victoire remportée sur les préjugés du moment.

Mais il ne s'agit que du mérite intrinsèque de la constitution. Il n'entre pas dans mon plan de rechercher les défauts particuliers qui nous assurent qu'elle ne peut durer; d'ailleurs, tout a été dit sur ce point. J'indiquerai seulement l'erreur de théorie qui a servi de base à cette construction, et qui a égaré les Français depuis le premier instant de leur révolution.

La constitution de 1795, tout comme ses aînées, est faite pour l'*homme*. Or, il n'y a point d'*homme* dans le monde. J'ai vu, dans ma vie, des Français, des Italiens, des Russes, etc.; je sais même, grâces à Montesquieu, *qu'on peut être Persan*: mais quant à l'*homme*, je déclare ne l'avoir rencontré de ma vie; s'il existe, c'est bien à mon insu.

Y a-t-il une seule contrée de l'univers, où l'on ne puisse trouver un conseil des cinq-cents, un conseil des anciens et cinq direc-

---

(1) En aucun cas les deux conseils ne peuvent se réunir dans une même salle, *Constitut. de* 1795, *tit.* V, *art.* 60.

teurs ? Cette constitution peut être présentée à toutes les associations humaines ; depuis la Chine jusqu'à Genève. Mais une constitution qui est faite pour toute les nations, n'est faite pour aucune : c'est une pure abstraction, une œuvre scolastique faite pour exercer l'esprit d'après une hypothèse idéale, et qu'il faut adresser à l'*homme*, dans les espaces imaginaires où il habite.

Qu'est-ce qu'une constitution ? n'est-ce pas la solution du problème suivant ?

Etant données *la population, les mœurs, la religion, la situation géographique, les relations politiques, les richesses, les bonnes et les mauvaises qualités d'une certaine nation, trouver les lois qui lui conviennent.*

Or, ce problème n'est pas seulement abordé dans la constitution de 1795, qui n'a pensé qu'à l'*homme*.

Toutes les raisons imaginables se réunissent donc pour établir que le sceau divin n'est pas sur cet ouvrage. — Ce n'est qu'un *thème*.

Aussi, déjà dans ce moment, combien de signes de destruction !

CHAPITRE VII.

SIGNES DE NULLITÉ DANS LE GOUVERNEMENT FRANÇAIS.

Le législateur ressemble au Créateur; il ne travaille pas toujours; il enfante, et puis il se repose. Toute législation vraie a son *sabbat*, et l'intermittence est son caractère distinctif; en sorte qu'Ovide a énoncé une vérité du premier ordre, lorsqu'il a dit :

Quod caret alternâ requie durabile non est.

Si la perfection étoit l'apanage de la nature humaine, chaque législateur ne parleroit qu'une fois : mais, quoique toutes nos œuvres soient imparfaites, et qu'à mesure que les institutions politiques se vicient, le souverain soit obligé de venir à leur secours par de nouvelles lois; cependant la législation humaine se rapproche de son modèle par cette intermittence dont je parlois tout à l'heure. Son repos l'honore autant que son action primitive : plus elle agit, et plus son œuvre est humaine, c'est-à-dire fragile.

Voyez

Voyez les travaux des trois assemblées nationales de France ; quel nombre prodigieux de lois ! depuis le premier juillet 1789 jusqu'au mois d'octobre 1791, l'assemblée nationale en a fait. 2,557

L'assemblée législative en a fait, en onze mois et demi. 1,712

La convention nationale, depuis le premier jour de la république jusqu'au 4 brumaire an 4.ᵉ (26 octobre 1795), en a fait en 57 mois. 11,210

TOTAL. . . . . 15,479 (1).

Je doute que les trois races des Rois de France aient enfanté une collection de cette force. Lorsqu'on réfléchit sur ce nombre infini de lois, on éprouve successivement deux sen-

---

(1) Ce calcul, qui a été fait en France, est rappelé dans une gazette étrangère du mois de février 1796. Ce nombre de 15,479, en moins de six ans, me paroissoit déjà fort honnête, lorsque j'ai retrouvé dans mes tablettes l'assertion d'un très-aimable journaliste qui veut absolument, dans une de ses feuilles *scintillantes* (*Quotidienne du 30 novembre* 1796, N.º 218), que la république française possède deux millions et quelques centaines de mille lois imprimées, et dix-huit cent mille qui ne le sont pas. — Pour moi, j'y consens.

timens bien différens : le premier est celui de l'admiration, ou du moins de l'étonnement ; on s'étonne, avec M. Burke, que cette nation, dont la légèreté est un proverbe, ait produit des travailleurs aussi obstinés. L'édifice de ces lois est une œuvre atlantique dont l'aspect étourdit. Mais l'étonnement se change tout à coup en pitié, lorsqu'on songe à la nullité de ces lois ; et l'on ne voit plus que des enfans qui se font tuer pour élever un grand édifice de cartes.

Pourquoi tant de lois ? C'est parce qu'il n'y a point de législateur.

Qu'ont fait les prétendus législateurs depuis six ans ? Rien ; car *détruire* n'est pas *faire*.

On ne peut se lasser de contempler le spectacle incroyable d'une nation qui se donne trois constitutions en cinq ans. Nul législateur n'a tâtonné ; il dit *fiat* à sa manière, et la machine va. Malgré les différens efforts que les trois assemblées ont faits dans ce genre, tout est allé de mal en pis, puisque l'assentiment de la nation a constamment manqué de plus en plus à l'ouvrage des législateurs.

Certainement, la constitution de 1791 fut un beau monument de folie ; cependant, il faut l'avouer, il avoit passionné les Français; et c'est de bon cœur, quoique très-follement, que la majorité de la nation prêta serment *à la Nation, à la Loi et au Roi*. Les Français s'engouèrent même de cette constitution au point que, long-temps après qu'il n'en fut plus question, c'étoit un discours assez commun parmi eux, *que pour revenir à la véritable monarchie, il falloit passer par la constitution de* 1791. C'étoit dire, au fond, que pour revenir d'Asie en Europe, il falloit passer par la lune; mais je ne parle que du fait (1).

---

(1) Un homme d'esprit qui avoit ses raisons pour louer cette constitution, et qui veut absolument qu'elle soit un *monument de la raison écrite*, convient cependant que sans parler de l'horreur pour les deux chambres et de la restriction du *veto*, elle renferme encore *plusieurs autres principes d'anarchie* (20 ou 30 par exemple). Voyez *Coup-d'œil sur la Révolution française*, par *un ami de l'ordre et des lois*, par M. M....... *
Hambourg, 1794, p. 28 et 77.

Mais ce qui suit est plus curieux. *Cette constitution,* dit l'auteur, *ne pèche pas par ce qu'elle contient, mais par ce qui lui manque.* Ibid. pag. 27. Cela s'entend : la constitution de 1791 seroit parfaite, si elle étoit faite : c'est l'Apollon du Belvédère, moins la statue et le piédestal.

* M. le général de Montesquiou.

La constitution de Condorcet n'a jamais été mise à l'épreuve, et n'en valoit pas la peine; celle qui lui fut préférée, ouvrage de quelques coupe-jarrets, plaisoit cependant à leurs semblables; et cette phalange, grâces à la révolution, n'est pas peu nombreuse en France; en sorte qu'à tout prendre, celle des trois constitutions qui a compté le moins de fauteurs, est celle d'aujourd'hui. Dans les assemblées primaires qui l'ont acceptée (à ce que disent les gouvernans) plusieurs membres ont écrit naïvement : *Accepté faute de mieux.* C'est en effet la disposition générale de la nation : elle s'est soumise par lassitude, par désespoir de trouver mieux : dans l'excès des maux qui l'accabloient, elle a cru respirer sous ce frêle abri; elle a préféré un mauvais port à une mer courroucée; mais nulle part on n'a vu la conviction et le consentement du cœur. Si cette constitution étoit faite pour les Français, la force invincible de l'expérience lui gagneroit tous les jours de nouveaux partisans : or, il arrive précisément le contraire; chaque minute voit un nouveau déserteur de la démocratie : c'est l'apathie, c'est la crainte seule qui gardent le trône des pentarques; et les voyageurs les plus clairvoyans et les plus désintéressés, qui ont parcouru la France, disent d'une commune voix : *C'est une république sans républicains.*

Mais si, comme on l'a tant prêché aux Rois, la force des gouvernemens réside tout entière dans l'amour des sujets ; si la crainte seule est un moyen insuffisant de maintenir les souverainetés, que devons-nous penser de la république française ?

Ouvrez les yeux, et vous verrez qu'elle ne *vit* pas. Quel appareil immense ! quelle multiplicité de ressorts et des rouages ! quel fracas de pièces qui se heurtent ! quelle énorme quantité d'hommes employés à réparer les dommages ! Tout annonce que la nature n'est pour rien dans ces mouvemens ; car le premier caractère de ses créations, c'est la puissance jointe à l'économie des moyens : tout étant à sa place, il n'y a point de secousses, point d'ondulations : tous les frottemens étant doux, il n'y a point de bruit, et ce silence est auguste. C'est ainsi que, dans la mécanique physique, la pondération parfaite, l'équilibre et la symétrie exacte des parties, font que de la célérité même du mouvement, résultent pour l'œil satisfait les apparences du repos.

Il n'y a donc point de souveraineté en France ;

tout est factice, tout est violent, tout annonce qu'un tel ordre de choses ne peut durer.

La philosophie moderne est tout à la fois trop matérielle et trop présomptueuse pour apercevoir les véritables ressorts du monde politique. Une de ses folies est de croire qu'une assemblée peut constituer une nation : qu'une *constitution*, c'est-à-dire l'ensemble des lois fondamentales qui conviennent à une nation, et qui doivent lui donner telle ou telle forme de gouvernement, est un ouvrage comme un autre, qui n'exige que de l'esprit, des connoissances et de l'exercice ; qu'on peut apprendre *son métier de constituant*, et que des hommes, le jour qu'ils y pensent, peuvent dire à d'autres hommes : *Faites-nous un gouvernement*, comme on dit à un ouvrier : *Faites-nous une pompe à feu ou un métier à bas.*

Cependant il est une vérité aussi certaine, dans son genre, qu'une proposition de mathématiques ; c'est que *nulle grande institution ne résulte d'une délibération*, et que les ouvrages humains sont fragiles en proportion du nombre d'hommes qui s'en mêlent, et de l'appareil de science et de raisonnement qu'on y emploie *à priori*.

Une constitution écrite telle que celle qui régit aujourd'hui les Français, n'est qu'un automate, qui ne possède que les formes extérieures de la vie. L'homme, par ses propres forces, est tout au plus un *Vaucanson ;* pour être *Prométhée*, il faut monter au ciel ; car *le législateur ne peut se faire obéir ni par la force, ni par le raisonnement* (1).

On peut dire que, dans ce moment, l'expérience est faite ; car on manque d'attention, lorsqu'on dit que la constitution française *marche :* on prend la constitution pour le gouvernement. Celui-ci, qui est un despotisme fort avancé, ne marche que trop ; mais la constitution n'existe que sur le papier. On l'observe, on la viole, suivant les intérêts des gouvernans : le peuple est compté pour rien ; et les outrages que ses maîtres lui adressent sous les formes du respect, sont bien propres à le guérir de ses erreurs.

La vie d'un gouvernement est quelque chose d'aussi réel que la vie d'un homme ; on la sent ; ou, pour mieux dire, on la voit, et personne

---

(1) Rousseau. Contrat social, liv. II, chap. VII.

Il faut veiller cet homme sans relâche, et le surprendre lorsqu'il laisse échapper la vérité par distraction.

ne peut se tromper sur ce point. J'adjure tous les Français qui ont une conscience, de se demander à eux-mêmes s'ils n'ont pas besoin de se faire une certaine violence pour donner à leurs représentans le titre de *législateurs* ; si ce titre d'étiquette et de *courtoisie* ne leur cause pas un léger effort, à peu près semblable à celui qu'ils éprouvoient lorsque, sous l'ancien régime, ils vouloient bien appeler *comte* ou *marquis* le fils d'un secrétaire du Roi ?

Tout honneur vient de Dieu, dit le vieil Homère (1) ; il parle comme saint Paul, au pied de la lettre, toutefois sans l'avoir pillé. Ce qu'il y a de sûr, c'est qu'il ne dépend pas de l'homme de communiquer ce caractère indéfinissable qu'on appelle *dignité*. A la souveraineté seule appartient l'*honneur* par excellence ; c'est d'elle, comme d'un vaste réservoir, qu'il est dérivé avec nombre, poids et mesure, sur les ordres et sur les individus.

J'ai remarqué qu'un membre de la législature ayant parlé de son RANG dans un écrit public, les journaux se moquèrent de lui, parce qu'en effet il n'y a point de *rang* en France ; mais seulement du *pouvoir*, qui ne tient qu'à la force.

---

(1) Iliade, I, 178.

Le peuple ne voit dans un député que la sept cent cinquantième partie du pouvoir de faire beaucoup de mal. Le député respecté ne l'est point parce qu'il est *député*, mais parce qu'il est respectable. Tout le monde sans doute voudroit avoir prononcé le discours de M. Siméon sur le divorce ; mais tout le monde voudroit qu'il l'eût prononcé au sein d'une assemblée légitime.

C'est peut-être une illusion de ma part; mais ce *salaire* qu'un néologisme vaniteux appelle *indemnité*, me semble un préjugé contre la représentation française. L'Anglais, libre par la loi, et indépendant par sa fortune, qui vient à Londres représenter la nation à ses frais, a quelque chose d'imposant. Mais ces *législateurs* français qui lèvent cinq ou six millions tournois sur la nation pour lui faire des lois ; ces *facteurs* de décrets, qui exercent la souveraineté nationale, moyennant huit *myriagrammes* de froment par jour, et qui vivent de leur puissance législatrice ; ces hommes-là, en vérité, font bien peu d'impression sur l'esprit ; et lorsqu'on vient à se demander ce qu'ils valent, l'imagination ne peut s'empêcher de les évaluer en froment.

En Angleterre, ces deux lettres magiques

M. P., accolées au nom le moins connu, l'exaltent subitement, et lui donnent des droits à une alliance distinguée. En France, un homme qui brigueroit une place de député pour déterminer en sa faveur un mariage disproportionné, feroit probablement un assez mauvais calcul.

C'est que tout représentant, tout instrument quelconque d'une souveraineté fausse, ne peut exciter que la curiosité ou la terreur.

Telle est l'incroyable foiblesse du pouvoir humain isolé, qu'il ne dépend pas seulement de lui de consacrer un habit. Combien de rapports a-t-on faits au corps législatif sur le costume de ses membres ? Trois ou quatre au moins, mais toujours en vain. On vend dans les pays étrangers la représentation de ces beaux costumes, tandis qu'à Paris, l'opinion les annulle.

Un habit ordinaire, contemporain d'un grand évènement, peut être consacré par cet évènement; alors le caractère dont il est marqué le soustrait à l'empire de la mode: tandis que les autres changent, il demeure le même; et le respect l'environne à jamais. C'est à peu près de cette manière que se forment les costumes des grandes dignités.

Pour celui qui examine tout, il peut être intéressant d'observer que, de toutes les parures révolutionnaires, les seules qui aient une certaine consistance sont l'écharpe et le panache, qui appartiennent à la chevalerie. Elles subsistent, quoique flétries, comme ces arbres de qui la sève nourricière s'est retirée, et qui n'ont encore perdu que leur beauté. Le *fonctionnaire public*, chargé de ces signes déshonorés, ne ressemble pas mal au voleur qui brille sous les habits de l'homme qu'il vient de dépouiller.

Je ne sais si je lis bien, mais je lis partout la nullité de ce gouvernement.

Qu'on y fasse bien attention ; ce sont les conquêtes des Français qui ont fait illusion sur la durée de leur gouvernement ; l'éclat des succès militaires éblouit même de bons esprits, qui n'aperçoivent pas d'abord à quel point ces succès sont étrangers à la stabilité de la république.

Les nations ont vaincu sous tous les gouvernemens possibles ; et les révolutions même, en exaltant les esprits, amènent les victoires. Les Français réussiront toujours à la guerre sous un gouvernement ferme qui aura l'esprit de les mépriser en les louant, et de les jeter sur l'ennemi comme des boulets, en leur promettant des épitaphes dans les gazettes.

C'est toujours Robespierre qui gagne les batailles dans ce moment; c'est son despotisme de fer qui conduit les Français à la boucherie et à la victoire. C'est en prodiguant l'or et le sang ; c'est en forçant tous les moyens, que les maîtres de la France ont obtenu les succès dont nous sommes les témoins. Une nation supérieurement brave, exaltée par un fanatisme quelconque, et conduite par d'habiles généraux, vaincra toujours, mais paiera cher ses conquêtes. La constitution de 1793 a-t-elle reçu le sceau de la durée par ces trois années de victoires dont elle occupe le centre? Pourquoi en seroit-il autrement de celle de 1795 ? et pourquoi la victoire lui donneroit-elle un caractère qu'elle n'a pu imprimer à l'autre?

D'ailleurs, le caractère des nations est toujours le même. Barclay, dans le seizième siècle, a fort bien dessiné celui des Français sous le rapport militaire. *C'est une nation*, dit-il, *supérieurement brave, et présentant chez elle une masse invincible ; mais lorsqu'elle se déborde, elle n'est plus la même. De là vient qu'elle n'a jamais pu retenir l'empire sur les peuples étrangers, et qu'elle n'est puissante que pour son malheur* (1).

Personne ne sent mieux que moi que les circonstances actuelles sont extraordinaires, et qu'il est très-possible qu'on ne voie point ce qu'on a toujours vu ; mais cette question est indifférente à l'objet de cet ouvrage. Il me suffit d'indiquer la fausseté de ce raisonnement : *La république est victorieuse, donc elle durera.* S'il falloit absolument prophétiser, j'aimerois mieux dire : *La guerre la fait vivre, donc la paix la fera mourir.*

L'auteur d'un système de physique s'applaudiroit sans doute, s'il avoit en sa faveur tous les faits de la nature, comme je puis citer à l'appui de mes réflexions tous les faits de l'histoire. J'examine de bonne foi les mouvemens qu'elle nous fournit, et je ne vois rien qui favorise ce système chimérique de délibération et de construction politique par des raisonnemens antérieurs. On pourroit tout au plus

---

(1) *Gens armis strenua, indomitæ intrà se molis; at ubi in exteros exundat, statìm impetûs sui oblita: eo modo nec diù externum imperium tenuit, et sola est in exitium suî potens.* J. Barclaius, Icon. animorum, cap. III.

citer l'Amérique; mais j'ai répondu d'avance, en disant qu'il n'est pas temps de la citer. J'ajouterai cependant un petit nombre de réflexions.

1.º L'Amérique anglaise avoit un Roi, mais ne le voyoit pas : la splendeur de la monarchie lui étoit étrangère, et le souverain étoit pour elle comme une espèce de puissance surnaturelle, qui ne tombe pas sous les sens.

2.º Elle possédoit l'élément démocratique qui existe dans la constitution de la métropole.

3.º Elle possédoit de plus ceux qui furent portés chez elle par une foule de ses premiers colons nés au milieu des troubles religieux et politiques, et presque tous esprits républicains.

4.º Avec ces élémens, et sur le plan des trois pouvoirs qu'ils tenoient de leurs ancêtres, les Américains ont bâti, et n'ont point fait *table rase*, comme les Français.

Mais tout ce qu'il y a de véritablement nouveau dans leur constitution; tout ce qui résulte de la délibération commune, est la chose du monde la plus fragile; on ne sauroit réunir plus de symptômes de foiblesse et de caducité.

Non-seulement je ne crois point à la stabilité du gouvernement américain, mais les établissemens particuliers de l'Amérique anglaise ne m'inspirent aucune confiance. Les villes, par exemple, animées d'une jalousie très-peu respectable, n'ont pu convenir du lieu où siégeroit le congrès; aucune n'a voulu céder cet honneur à l'autre. En conséquence, on a décidé qu'on bâtiroit une ville nouvelle qui seroit le siége du gouvernement. On a choisi l'emplacement le plus avantageux sur le bord d'un grand fleuve; on a arrêté que la ville s'appelleroit *Washington ;* la place de tous les édifices publics est marquée; on a mis la main à l'œuvre, et le plan de la *cité-reine* circule déjà dans toute l'Europe. Essentiellement, il n'y a rien là qui passe les forces du pouvoir humain; on peut bien bâtir une ville: néanmoins, il y a trop de délibération, trop d'*humanité* dans cette affaire; et l'on pourroit gager mille contre un que la ville ne se bâtira pas, ou qu'elle ne s'appellera pas *Washington,* ou que le congrès n'y résidera pas.

CHAPITRE VIII.

DE L'ANCIENNE CONSTITUTION FRANÇAISE. — DIGRESSION SUR LE ROI ET SUR SA DÉCLARATION AUX FRANÇAIS, DU MOIS DE JUILLET 1795.

On a soutenu trois systèmes différens sur l'ancienne constitution française: les uns ont prétendu que la nation n'avoit point de constitution; d'autres ont soutenu le contraire; d'autres enfin ont pris, comme il arrive dans toutes les questions importantes, un sentiment moyen: ils ont soutenu que les Français avoient véritablement une constitution, mais qu'elle n'étoit point observée.

Le premier sentiment est insoutenable; les deux autres ne se contredisent point réellement.

L'erreur de ceux qui ont prétendu que la France n'avoit point de constitution, tenoit à la grande erreur sur le pouvoir humain, la délibération antérieure et les lois écrites.

Si un homme de bonne foi, n'ayant pour lui que le bon sens et la droiture, se demande ce que c'étoit que l'ancienne constitution française,

çaise, on peut lui répondre hardiment : « C'est
» ce que vous sentiez, lorsque vous étiez en
» France; c'est ce mélange de liberté et d'au-
» torité, de lois et d'opinions, qui faisoit
» croire à l'étranger, sujet d'une monarchie
» et voyageant en France, qu'il vivoit sous
» un autre gouvernement que le sien. »

Mais si l'on veut approfondir la question, on trouvera, dans les monumens du droit public français, des caractères et des lois qui élèvent la France au dessus de toutes les monarchies connues.

Un caractère particulier de cette monarchie, c'est qu'elle possède un certain élément théocratique qui lui est particulier, et qui lui a donné quatorze cents ans de durée : il n'y a rien de si national que cet élément. Les évêques, successeurs des druides sous ce rapport, n'ont fait que le perfectionner.

Je ne crois pas qu'aucune autre monarchie européenne ait employé, pour le bien de l'état, un plus grand nombre de pontifes dans le gouvernement civil. Je remonte par la pensée depuis le pacifique Fleury jusqu'à ces Saint-Ouën, ces Saint-Léger, et tant d'autres si distingués sous le rapport politique dans la nuit de leur siècle ; véritables Orphées de la France, qui apprivoisèrent les tigres, et se firent suivre par les chênes : je doute qu'on puisse montrer ailleurs une série pareille.

Mais, tandis que le sacerdoce étoit en France une des trois colonnes qui soutenoient le trône, et qu'il jouoit dans les comices de la nation, dans les tribunaux, dans le ministère, dans les ambassades, un rôle si important, on n'apercevoit pas ou l'on apercevoit peu son influence dans l'administration civile ; et lors même qu'un prêtre étoit premier ministre, on n'avoit point en France un *gouvernement de prêtres*.

Toutes les influences étoient fort bien balancées, et tout le monde étoit à sa place. Sous ce point de vue, c'est l'Angleterre qui ressembloit le plus à la France. Si jamais elle bannit de sa langue politique ces mots : *Church and state*, son gouvernement périra comme celui de sa rivale.

C'étoit la mode en France (car tout est mode dans ce pays), de dire qu'on y étoit esclave : mais pourquoi donc trouvoit-on dans la langue française le mot de *citoyen* (avant même que la révolution s'en fût emparée pour le déshonorer), mot qui ne peut être traduit dans les autres langues européennes ? Racine le fils adressoit ce beau vers au Roi de France, au nom de sa ville de Paris :

Sous un Roi citoyen, tout citoyen est Roi.

Pour louer le patriotisme d'un Français, on disoit : *C'est un grand citoyen.* On essaieroit vainement de faire passer cette expression dans nos autres langues ; *gross burger* en allemand (1), *gran cittadino* en italien, etc., ne seroient pas tolérables (2). Mais il faut sortir des généralités.

Plusieurs membres de l'ancienne magistrature ont réuni et développé les principes de la monarchie française, dans un livre intéressant qui paroît mériter toute la confiance des Français (3).

Ces magistrats commencent, comme il con-

---

(1) Burger, *verbum humile apud nos et ignobile.* J. A. Ernesti, in Dedicat. Opp. Ciceronis, pag. 79.

(2) Rousseau a fait une note absurde sur ce mot de *citoyen*, dans son *Contrat social*, liv. I, chap. VI. Il accuse, sans se gêner, un très-savant homme, d'avoir fait sur ce point *une lourde bévue ;* et il fait, lui Jean-Jacques, une lourde bévue à chaque ligne ; il montre une égale ignorance en fait de langues, de métaphysique et d'histoire.

(3) Développement des principes fondamentaux de la monarchie française, 1795, in-8.°

vient, par la prérogative royale, et certes, il n'est rien de plus magnifique.

« La constitution attribue au Roi la puis-
» sance législatrice; de lui émane toute juri-
» diction. Il a le droit de rendre justice, et de
» la faire rendre par ses officiers; de faire
» grâce, d'accorder des priviléges et des ré-
» compenses; de disposer des offices, de con-
» férer la noblesse; de convoquer, de dissoudre
» les assemblées de la nation, quand sa sagesse
» le lui indique; de faire la paix et la guerre,
» et de convoquer les armées. » Page 28.

Voilà sans doute de grandes prérogatives; mais voyons ce que la constitution française a mis dans l'autre bassin de la balance.

« Le Roi ne règne que par la loi, *et n'a
» puissance de faire toute chose à son appétit.* »
Page 364.

« Il est des lois que les Rois eux-mêmes se
» sont avoués (suivant l'expression devenue
» célèbre) *dans l'heureuse impuissance de
» violer;* ce sont *les lois du royaume,* à la
» différence des lois de circonstances ou non
» constitutionnelles, appelées *lois du Roi.* »
Pages 29 et 30.

« Ainsi, par exemple, la succession à la
» couronne est une primogéniture masculine,
» d'une forme rigide. »

« Les mariages des princes du sang, faits
» sans l'autorité du Roi, sont nuls. » Pag. 262.

» Si la dynastie régnante vient à s'éteindre,
» c'est la nation qui se donne un Roi. » 263, etc.

» Les Rois, comme législateurs suprêmes,
» ont toujours parlé affirmativement, en pu-
» bliant leurs lois. Cependant il y a aussi un
» consentement du peuple, mais ce consente-
» ment n'est que l'expression du vœu, de la
» reconnoissance et de l'acceptation de la na-
» tion (1). » Page 271.

« Trois ordres, trois chambres, trois déli-
» bérations ; c'est ainsi que la nation est re-
» présentée. Le résultat des délibérations, s'il
» est unanime, présente le vœu des états-gé-
» néraux. » Page 332.

« Les lois du royaume ne peuvent être
» faites qu'en générale assemblée de tout le

―――――――――――――――

(1) Si l'on examine bien attentivement cette inter-
vention de la nation, on trouvera *moins* qu'une puissance colégislatrice, et *plus* qu'un simple consentement.
C'est un exemple de ces choses qu'il faut laisser dans
une certaine obscurité, et qui ne peuvent être soumises
à des règlemens humains : c'est la partie *la plus divine*
des constitutions, s'il est permis de s'exprimer ainsi.
On dit souvent : *Il n'y a qu'à faire une loi pour savoir
à quoi s'en tenir.* Pas toujours ; il y a *des cas réservés*.

» royaume, avec le commun accord des gens
» des trois états. Le prince ne peut déroger à
» ces lois; et s'il ose y toucher, tout ce qu'il
» a fait peut être cassé par son successeur. »
Pages 292, 293.

« La nécessité du consentement de la nation
» à l'établissement des impôts, est une vérité
» incontestable, reconnue par les Rois. » 302.

« Le veu des deux ordres ne peut lier le
» troisième, si ce n'est de son consentement. »
Page 302.

« Le consentement des états-généraux est
» nécessaire pour la validité de toute aliéna-
» tion perpétuelle du domaine. 303. — Et la
» même surveillance leur est recommandée
» pour empêcher tout démembrement partiel
» du royaume. » Page 304.

« La justice est administrée au nom du Roi,
» par des magistrats qui examinent les lois,
» et voient si elles ne sont point contraires
» aux lois fondamentales. » 343. Une partie
de leur devoir est de résister à la volonté
égarée du souverain. C'est sur ce principe que
le fameux chancelier de l'Hospital, adressant
la parole au parlement de Paris en 1561, lui
disoit: *Les magistats ne doivent point se laisser intimider par le courroux passager des*

souverains, ni par la crainte des disgrâces; mais avoir toujours présent le serment d'obéir aux ordonnances, qui sont les vrais commandemens des Rois. Page 345.

On voit Louis XI, arrêté par un double refus de son parlement, se désister d'une aliénation inconstitutionnelle. Page 343.

On voit Louis XIV reconnoître solennellement ce droit de libre vérification, p. 347, et ordonner à ses magistrats *de lui désobéir, sous peine de désobéissance*, s'il leur adressoit des commandemens contraires à la loi, p. 345. Cet ordre n'est point un jeu de mots : le Roi défend d'obéir à l'homme; il n'a pas de plus grand ennemi.

Ce superbe monarque ordonne encore à ses magistrats de tenir pour nulles toutes lettres-patentes portant des évocations ou commissions pour le jugement de causes civiles et criminelles, *et même de punir les porteurs de ces lettres.* Page 363.

Le magistrats s'écrient : *Terre heureuse, où la servitude est inconnue!* p. 361. Et c'est un prêtre distingué par sa piété et par sa science (Fleury) qui écrit, en exposant le droit public de France : *En France, tous les particuliers sont libres : point d'esclavage : liberté pour do-*

miciles, voyages, commerces, mariages, choix de profession, acquisitions, dispositions de biens, successions. Page 362.

« La puissance militaire ne doit point s'in-
» terposer dans l'administration civile. » *Les gouverneurs de province n'ont rien que ce qui concerne les armes ; et ils ne peuvent s'en servir que contre les ennemis de l'état, et non contre le citoyen qui est soumis à la justice de l'état.* Page 364.

« Les magistrats sont inamovibles, et ces
» offices importans ne peuvent vaquer que
» par la mort du titulaire, la démission vo-
» lontaire ou la forfaiture jugée (1). » P. 356.

---

(1) Etoit-on bien dans la question, en déclamant si fort contre la vénalité des charges de magistrature? La vénalité ne devoit être considérée que comme un moyen d'hérédité, et le problème se réduit à savoir si, dans un pays tel que la France, ou tel qu'elle étoit depuis deux ou trois siècles, la justice pouvoit être administrée mieux que par des magistrats héréditaires? La question est très-difficile à résoudre ; l'énumération des inconvéniens est un argument trompeur. Ce qu'il y a de mauvais dans une constitution, ce qui doit même la détruire, en fait cependant portion comme ce qu'elle a de meilleur. Je renvoie au passage de Cicéron : *Nimia potestas est tribunorum, quis negat, etc.* De Leg. III. 10.

« Le Roi, pour les causes qui le concernent,
» plaide dans ses tribunaux contre ses sujets.
» On l'a vu condamné à payer la dîme des
» fruits de son jardin, etc. » Pag. 367, etc.

Si les Français s'examinent de bonne foi dans le silence des passions, ils sentiront que c'en est assez, *et peut-être plus qu'assez*, pour une nation trop noble pour être esclave, et trop fougueuse pour être libre.

Dira-t-on que ces belles lois n'étoient point exécutées ? Dans ce cas, c'étoit la faute des Français, et il n'y a plus pour eux d'espérance de liberté : car lorsqu'un peuple ne sait pas tirer parti de ses lois fondamentales, il est fort inutile qu'il en cherche d'autres : c'est une marque qu'il n'est pas fait pour la liberté ou qu'il est irrémissiblement corrompu.

Mais en repoussant ces idées sinistres, je citerai sur l'excellence de la constitution française, un témoignage irrécusable sous tous les points de vue : c'est celui d'un grand politique et d'un républicain ardent, c'est celui de Machiavel.

Il y a eu, dit-il, *beaucoup de Rois et très-peu de bons Rois. J'entends parmi les souverains absolus, au nombre desquels on ne doit point compter les Rois d'Egypte, lorsque ce pays, dans les temps les plus reculés, se gouvernoit par les lois, ni ceux de Sparte; ni ceux de France, dans nos temps modernes; le gouvernement de ce royaume, étant, de notre connoissance, le plus tempéré par les lois* (1).

Le royaume de France, dit-il ailleurs, *est heureux et tranquille, parce que le Roi est soumis à une infinité de lois qui font la sûreté des peuples. Celui qui constitua ce gouvernement* (2) *voulut que les Rois disposassent à leur gré des armes et des trésors; mais, pour le reste, il les soumit à l'empire des lois* (3).

Qui ne seroit frappé de voir sous quel point de vue cette puissante tête envisageoit, il y a trois siècles, les lois fondamentales de la monarchie française?

Les Français, sur ce point, ont été gâtés par les Anglais. Ceux-ci leur ont dit, sans le croire, que la France étoit esclave; comme ils leur ont dit que Shakespeare valoit mieux que Racine; et les Français l'ont cru. Il n'y a pas jusqu'à l'honnête juge Blackstone qui n'ait mis sur la même ligne, vers la fin de ses Commen-

---

(1) Disc. sopr., Tit-Liv. lib. I, c. LVIII.
(2) Je voudrois bien le connoître.
(3) Disc. I, XVI.

taires, la France et la Turquie : sur quoi il faut dire comme Montaigne : *On ne sauroit trop baffouer l'impudence de cet accouplage.*

Mais ces Anglais, lorsqu'ils ont fait leur révolution, du moins celle qui a tenu, ont-ils supprimé la royauté ou la chambre des pairs pour se donner la liberté? Nullement. Mais, de leur ancienne constitution mise en activité, ils ont tiré la déclaration de leurs droits.

Il n'y a point de nation chrétienne en Europe qui ne soit de droit *libre* ou *assez libre.* Il n'y en a point qui n'ait, dans les monumens les plus purs de sa législation, tous les élémens de la constitution qui lui convient. Mais il faut surtout se garder de l'erreur énorme de croire que la liberté soit quelque chose d'absolu, non susceptible de plus ou de moins. Qu'on se rappelle les deux tonneaux de Jupiter; au lieu du bien et du mal, mettons-y le repos et la liberté. Jupiter fait le lot des nations ; *plus de l'un et moins de l'autre :* l'homme n'est pour rien dans cette distribution.

Une autre erreur très-funeste est de s'attacher trop rigidement aux monumens anciens. Il faut sans doute les respecter; mais il faut surtout considérer ce que les jurisconsultes appellent *le dernier état.* Toute constitution libre est de sa nature variable, et variable en proportion qu'elle est libre (1); vouloir la ramener à ses rudimens, sans en rien rabattre, c'est une entreprise folle.

Tout se réunit pour établir que les Français ont voulu passer le pouvoir humain ; que ces efforts désordonnés les conduisent à l'esclavage; qu'ils n'ont besoin que de connoître ce qu'ils possèdent, et que s'ils sont faits pour un plus grand degré de liberté que celui dont ils jouissoient il y a sept ans, ce qui n'est pas clair du tout, ils ont sous leur main, dans tous les monumens de leur histoire et de leur législation, tout ce qu'il faut pour les rendre l'honneur et l'envie de l'Europe (2).

Mais si les Français sont faits pour la mo-

---

(1) *All the human governemens, particulary those of mixed frame, are in continual fluctuation.* Hume, Hist. d'Angl., Charles I, ch. L.

(2) Un homme dont je considère également la personne et les opinions *, et qui n'est pas de mon avis sur l'ancienne constitution française, a pris la peine de me développer une partie de ses idées dans une lettre intéressante, dont je le remercie infiniment. Il m'objecte, entr'autres choses, que *le livre des magistrats français, cité dans ce chapitre, eût été brûlé sous le règne de Louis XIV et de Louis XV, comme attentatoire aux*

* Feu M. Mallet-Dupan.

narchie, et s'il s'agit seulement d'asseoir la monarchie sur ses véritables bases, quelle erreur, quelle fatalité, quelle prévention funeste pourroit les éloigner de leur Roi légitime ?

La succession héréditaire, dans une monarchie, est quelque chose de si précieux, que toute autre considération doit plier devant celle-là. Le plus grand crime que puisse commettre un Français royaliste, c'est de voir dans Louis XVIII autre chose que son Roi, et de diminuer la faveur dont il importe de l'en-

---

lois fondamentales de la monarchie et aux droits du monarque. — Je le crois : comme le livre de M. Delorme eût été brûlé à Londres (peut-être avec l'auteur), sous le règne de Henri VIII ou de sa rude fille.

Lorsqu'on a pris son parti sur les grandes questions, avec pleine connoissance de cause, on change rarement d'avis. Je me défie cependant de mes préjugés autant que je le dois ; mais je suis sûr de ma bonne foi. On voudra bien observer que je n'ai cité dans ce chapitre aucune autorité contemporaine, de crainte que les plus respectables ne parussent suspectes. Quant aux magistrats auteurs *du Développement des principes fondamentaux*, etc., si je me suis servi de leur ouvrage, c'est que je n'aime point faire ce qui est fait, et que ces messieurs n'ayant cité que des monumens, c'étoit précisément ce qu'il me falloit.

tourer, en discutant d'une manière défavorable les qualités de l'homme ou ses actions. Il seroit bien vil et bien coupable le Français qui ne rougiroit pas de remonter aux temps passés pour y chercher des torts vrais ou faux ! L'accession au trône est une nouvelle naissance : on ne compte que de ce moment.

S'il est un lieu commun dans la morale, c'est que la puissance et les grandeurs corrompent l'homme, et que les meilleurs Rois ont été ceux que l'adversité avoit éprouvés. Pourquoi donc les Français se priveroient-ils de l'avantage d'être gouvernés par un prince formé à la terrible école du malheur ? Combien les six ans qui viennent de s'écouler ont dû lui fournir de réflexions ! combien il est éloigné de l'ivresse du pouvoir ! combien il doit être disposé à tout entreprendre pour régner glorieusement ! de quelle sainte ambition il doit être pénétré ! Quel prince dans l'univers pourroit avoir plus de motifs, plus de désirs, plus de moyens de fermer les plaies de la France !

Les Français n'ont-ils pas essayé assez long-temps le sang des Capets ? Ils savent par une expérience de huit siècles que ce sang est doux ; pourquoi changer ? Le chef de cette grande famille s'est montré dans sa déclaration, loyal, généreux, profondément pénétré des vérités religieuses ; personne ne lui dispute beaucoup d'esprit naturel et beaucoup de connoissances acquises. Il fut un temps, peut-être, où il étoit bon que le Roi ne sût pas l'orthographe ; mais dans ce siècle, où l'on croit aux livres, un Roi lettré est un avantage. Ce qui est plus important, c'est qu'on ne peut lui imposer aucune de ces idées exagérées capables d'alarmer les Français. Qui pourroit oublier qu'il déplut à Coblentz ? C'est un grand titre pour lui. Dans sa déclaration, il a prononcé le mot de *liberté ;* et si quelqu'un objecte que ce mot est placé dans l'ombre, on peut lui répondre qu'un Roi ne doit point parler le langage des révolutions. Un discours solennel qu'il adresse à son peuple, doit se distinguer par une certaine sobriété de projets et d'expressions qui n'ait rien de commun avec la précipitation d'un particulier systématique. Lorsque le Roi de France a dit : *Que la constitution française soumet les lois à des formes qu'elle a consacrées, et le souverain lui-même à l'observation des lois, afin de prémunir la sagesse du législateur contre les piéges de la séduction, et de défendre la liberté des sujets contre les abus de l'autorité,* il a tout dit, puisqu'il a promis *la liberté par la constitution*. Le Roi ne doit point parler comme un orateur de la tribune parisienne. S'il a découvert qu'on a tort de parler de la liberté comme de quelque chose d'absolu, qu'elle est au contraire quelque chose susceptible de plus et de moins ; et que l'art du législateur n'est pas de rendre le peuple *libre*, mais *assez libre*, il a découvert une grande vérité, et il faut le louer de sa retenue au lieu de le blâmer. Un célèbre Romain, au moment où il rendoit la liberté au peuple le plus fait pour elle, et le plus anciennement libre, disoit à ce peuple : *Libertate modicè utendum* (1). Qu'eût-il dit à des Français ? Sûrement le Roi, en parlant sobrement de la liberté, pensoit moins à ses intérêts qu'à ceux des Français.

La constitution, dit encore le Roi, *prescrit des conditions à l'établissement des impôts, afin d'assurer le peuple que les tributs qu'il paie sont nécessaires au salut de l'état.* Le Roi n'a donc pas le droit d'imposer arbitrairement, et cet aveu seul exclut le despotisme.

Elle confie aux premiers corps de magistrature le dépôt des lois, afin qu'ils veillent à

---

(1) Tit.-Liv. XXXIV. 49.

leur

leur exécution et qu'ils éclairent la religion du monarque si elle étoit trompée. Voilà le dépôt des lois remis aux mains des magistrats supérieurs ; voilà le droit de remontrance consacré. Or, partout où un corps de grands magistrats héréditaires, ou au moins inamovibles, ont, par la constitution, le droit d'avertir le monarque, d'éclairer sa religion et de se plaindre des abus, il n'y a point de despotisme.

Elle met les lois fondamentales sous la souve-garde du Roi et des trois ordres, afin de prévenir les révolutions, la plus grande des calamités qui puissent affliger les peuples.

Il y a donc une constitution, puisque la constitution n'est que le recueil des lois fondamentales, et le Roi ne peut toucher à ces lois ; s'il l'entreprenoit, les trois ordres auroient sur lui le *veto*, comme chacun d'eux l'a sur les deux autres.

Et l'on se tromperoit assurément si l'on accusoit le Roi d'avoir parlé trop vaguement, car ce vague est précisément la preuve d'une haute sagesse. Le Roi auroit fait très-imprudemment, s'il avoit posé des bornes qui l'auroient empêché d'avancer ou de reculer : en se réservant une certaine latitude d'exécution, il étoit inspiré. Les Français en conviendront un jour : ils avoueront que le Roi a promis tout ce qu'il pouvoit promettre.

Charles II se trouva-t-il bien d'avoir adhéré aux propositions des Ecossais ? On lui disoit, comme on a dit à Louis XVIII : « Il faut s'ac-
» commoder au temps ; il faut plier : *C'est
» une folie de sacrifier une couronne pour
» sauver la hiérarchie.* » Il le crut, et il fit très-mal. Le Roi de France est plus sage : comment les Français s'obstinent-ils à ne pas lui rendre justice ?

Si ce prince avoit fait la folie de proposer aux Français une nouvelle constitution, c'est alors qu'on auroit pu l'accuser de donner dans un vague perfide ; car dans le fait il n'auroit rien dit : s'il avoit proposé son propre ouvrage, il n'y auroit eu qu'un cri contre lui, et ce cri eût été fondé. De quel droit en effet se seroit-il fait obéir, dès qu'il abandonneroit les lois antiques ? L'arbitraire n'est-il pas un domaine commun, auquel tout le monde a un droit égal ? Il n'y a pas de jeune homme, en France, qui n'eût montré les défauts du nouvel ouvrage et proposé des corrections. Qu'on examine bien la chose, et l'on verra que le Roi, dès qu'il auroit abandonné l'ancienne constitution, n'avoit plus qu'une chose à dire : *Je ferai ce qu'on voudra.* C'est à cette phrase indécente et absurde, que se seroient réduits les plus beaux discours du Roi, traduits en langage clair. Y pense-t-on sérieusement, lorsqu'on blâme le Roi de n'avoir pas proposé aux Français une nouvelle révolution ? Depuis que l'insurrection a commencé les malheurs épouvantables de sa famille, il a vu trois constitutions, acceptées, jurées, consacrées solennellement. Les deux premières n'ont duré qu'un instant, et la troisième n'existe que de nom. Le Roi devoit-il en proposer cinq ou six à ses sujets pour leur laisser le choix ? Certes ! les trois essais leur coûtent assez cher, pour que nul homme sensé ne s'avisât de leur en proposer un autre. Mais cette nouvelle proposition, qui seroit une folie de la part d'un particulier, seroit, de la part du Roi, une folie et un forfait.

De quelque manière qu'il s'y fût pris, le Roi ne pouvoit contenter tout le monde. Il y avoit des inconvéniens à ne publier aucune déclaration ; il y en avoit à la publier telle qu'il l'a faite ; il y en avoit à la faire autrement. Dans le doute, il a bien fait de s'en tenir aux principes et de ne choquer que les passions et les préjugés, en disant *que la constitution fran-*

çaise seroit pour *lui l'arche d'alliance*. Si les Français examinent de sang-froid cette déclaration, je suis fort trompé s'ils n'y trouvent de quoi respecter le Roi. Dans les circonstances terribles où il s'est trouvé, rien n'étoit plus séduisant que la tentation de transiger avec les principes pour reconquérir le trône. Tant de gens ont dit et tant de gens croyoient que le Roi se perdoit en s'obstinant aux vieilles idées ! Il paroissoit si naturel d'écouter des propositions d'accommodement ! Il étoit surtout si aisé d'accéder à ces propositions, en conservant l'arrière-pensée de revenir à l'ancienne prérogative, sans manquer à la loyauté, et en s'appuyant uniquement sur la force des choses, qu'il y a beaucoup de franchise, beaucoup de noblesse, beaucoup de courage à dire aux Français : « Je ne puis vous rendre heu-
» reux ; je ne puis, je ne dois régner que par
» la constitution ; je ne toucherai point à
» l'arche du Seigneur ; j'attends que vous re-
» veniez à la raison ; j'attends que vous ayez
» conçu cette vérité si simple, si évidente,
» et que vous vous obstinez cependant à re-
» pousser ; c'est-à-dire qu'*avec la même cons-*
» *titution, je puis vous donner un régime tout*
» *différent.* »

Oh! que le Roi s'est montré sage, lorsqu'en disant aux Français : *Que leur antique et sage constitution étoit pour lui l'arche sainte, et qu'il lui étoit défendu d'y porter une main téméraire.* Il ajoute cependant : *Qu'il veut lui rendre toute sa pureté que le temps avoit corrompue, et toute sa vigueur que le temps avoit affoiblie.* Encore une fois, ces mots sont inspirés ; car on y lit clairement ce qui est au pouvoir de l'homme, séparé de ce qui n'appartient qu'à Dieu. Il n'y a pas dans cette déclaration, trop peu méditée, un seul mot qui ne doive recommander le Roi aux Français.

Il seroit à désirer que cette nation impétueuse, qui ne sait revenir à la vérité qu'après avoir épuisé l'erreur, voulût enfin apercevoir une vérité bien palpable ; c'est qu'elle est dupe et victime d'un petit nombre d'hommes qui se placent entre elle et son légitime souverain, dont elle ne peut attendre que des bienfaits. Mettons les choses au pis. *Le Roi laissera tomber le glaive de la justice sur quelques varricides ; il punira par des humiliations quelques nobles qui ont déplu :* eh! que t'importe, à toi, bon laboureur, artisan laborieux, citoyen paisible, qui que tu sois, à qui le ciel a donné l'obscurité et le bonheur? Songe donc que tu formes, avec tes semblables, presque toute la nation ; et que le peuple entier ne souffre tous les maux de l'anarchie que parce qu'une poignée de misérables lui fait peur de son Roi dont elle a peur.

Jamais peuple n'aura laissé échapper une plus belle occasion, s'il continue à rejeter son Roi, puisqu'il s'expose à être dominé par force, au lieu de couronner lui-même son souverain légitime. Quel mérite il auroit auprès de ce prince ! par quels efforts de zèle et d'amour le Roi tâcheroit de récompenser la fidélité de son peuple ! Toujours le vœu national seroit devant ses yeux pour l'animer aux grandes entreprises, aux travaux obstinés que la régénération de la France exige de son chef, et tous les momens de sa vie seroient consacrés au bonheur des Français.

Mais s'ils s'obstinent à repousser leur Roi, savent-ils quel sera leur sort ? Les Français sont aujourd'hui assez mûris par le malheur, pour entendre une vérité dure ; c'est qu'au milieu des accès de leur liberté fanatique, l'observateur froid est souvent tenté de s'écrier, comme Tibère : *O homines ad servitutem natos !* Il y a, comme on sait, plusieurs espèces de courage, et sûrement le Français ne les possède pas toutes. Intrépide devant l'ennemi, il ne l'est pas devant l'autorité, même la plus injuste. Rien n'égale la patience de ce peuple qui se dit *libre*. En cinq ans, on lui a fait accepter trois constitutions et le gouvernement révolutionnaire. Les tyrans se succèdent, et toujours le peuple obéit. Jamais on n'a vu réussir un seul de ses efforts pour se tirer de sa nullité. Ses maîtres sont allés jusqu'à le foudroyer en se moquant de lui. Ils lui ont dit : *Vous croyez ne pas vouloir cette loi, mais soyez sûrs que vous la voulez. Si vous osez la refuser, nous tirerons sur vous à mitraille, pour vous punir de ne vouloir pas ce que vous voulez.* — Et ils l'ont fait.

Il n'a tenu à rien que la nation française ne soit encore sous le joug affreux de Robespierre. Certes ! elle peut bien se *féliciter*, mais non se *glorifier* d'avoir échappé à cette tyrannie ; et je ne sais si les jours de sa servitude furent plus honteux pour elle que celui de son affranchissement.

L'histoire du neuf thermidor n'est pas longue : *Quelques scélérats firent périr quelques scélérats.*

Sans cette brouillerie de famille, les Français gémiroient encore sous le sceptre du comité de salut public.

Et qui sait encore à quoi ils sont réservés ? Ils ont donné de telles preuves de patience, qu'il n'est aucun genre de dégradation qu'ils ne puissent craindre. Grande leçon, je ne dis pas pour le peuple français qui, plus que tous les peuples du monde, acceptera toujours ses maîtres et ne les choisira jamais ; mais pour le petit nombre de bons Français que les circonstances rendront influens, de ne rien négliger pour arracher la nation à ces fluctuations avilissantes, en la jetant dans les bras de son Roi. Il est homme sans doute, mais a-t-elle donc l'espérance d'être gouvernée par un ange ? Il est homme, mais aujourd'hui on est sûr qu'il le sait, et c'est beaucoup. Si le vœu des Français le replaçoit sur le trône de ses pères, il épouseroit sa nation, qui trouveroit tout en lui : bonté, justice, amour, reconnoissance, et des talens incontestables, mûris à l'école sévère du malheur (1).

Les Français ont paru faire peu d'attention aux paroles de paix qu'il leur a adressées. Ils n'ont pas loué sa déclaration, ils l'ont critiquée même, et probablement ils l'ont oubliée ; mais

---

(1) Je renvoie au chapitre X l'article intéressant de l'amnistie.

un jour ils lui rendront justice : un jour la postérité nommera cette pièce comme un modèle de sagesse, de franchise et de style royal.

Le devoir de tout bon Français, en ce moment, est de travailler sans relâche à diriger l'opinion publique en faveur du Roi, et de présenter tous ses actes quelconques sous un aspect favorable. C'est ici que les royalistes doivent s'examiner avec la dernière sévérité, et ne se faire aucune illusion. Je ne suis pas français, j'ignore toutes les intrigues, je ne connois personne. Mais je suppose qu'un royaliste français dise : « Je suis prêt à verser » mon sang pour le Roi : cependant, sans dé- » roger à la fidélité que je lui dois, je ne puis » m'empêcher de blâmer, etc. » Je réponds à cet homme ce que sa conscience lui dira sans doute plus haut que moi : *Vous mentez au monde et à vous-même ; si vous étiez capable de sacrifier votre vie au Roi, vous lui sacrifieriez vos préjugés. D'ailleurs, il n'a pas besoin de votre vie, mais bien de votre prudence, de votre zèle mesuré, de votre dévouement passif, de votre indulgence même (pour faire toutes les suppositions) ; gardez votre vie dont il n'a que faire dans ce moment, et rendez-lui les services dont il a besoin. Croyez-vous que les plus héroïques soient ceux qui retentissent dans les gazettes ? Les plus obscurs au contraire peuvent être les plus efficaces et les plus sublimes. Il ne s'agit point ici des intérêts de votre orgueil ; contentez votre conscience et celui qui vous l'a donnée.*

Comme ces fils qu'un enfant romproit en se jouant, formeront cependant par leur réunion, le câble qui doit supporter l'ancre d'un vaisseau de haut-bord, une foule de critiques insignifiantes peuvent créer une armée formidable. Combien ne peut-on pas rendre de services au Roi de France, en combattant ces préjugés qui s'établissent on ne sait comment, et qui durent on ne sait pourquoi ! Des hommes qui croient avoir l'âge de raison, n'ont-ils pas reproché au Roi son inaction ? D'autres ne l'ont-ils pas comparé fièrement à Henri IV, en observant que, pour conquérir sa couronne, ce grand prince put bien trouver d'autres armes que des intrigues et des déclarations ? Mais puisqu'on est en train d'avoir de l'esprit, pourquoi ne reproche-t-on pas au Roi de n'avoir pas conquis l'Allemagne et l'Italie comme Charlemagne, pour y vivre noblement, en attendant que les Français veuillent bien entendre raison ?

Quant au parti plus ou moins nombreux qui jette les hauts cris contre la monarchie et le monarque, tout n'est pas haine, à beaucoup près, dans le sentiment qui l'anime, et il semble que ce sentiment composé vaut la peine d'être analysé.

Il n'y a pas d'homme d'esprit en France qui ne se méprise plus ou moins. L'ignominie nationale pèse sur tous les cœurs (car jamais peuple ne fut méprisé par des maîtres plus méprisables); on a donc besoin de se consoler, et les bons citoyens le font à leur manière. Mais l'homme vil et corrompu, étranger à toutes les idées élevées, se venge de son abjection passée et présente, en contemplant avec cette volupté ineffable qui n'est connue que de la bassesse, le spectacle de la grandeur humiliée. Pour se relever à ses propres yeux, il les tourne sur le Roi de France, et il est content de sa taille en se comparant à ce colosse renversé. Insensiblement, par un tour de force de son imagination déréglée, il parvient à regarder cette grande chute comme son ouvrage ; il s'investit à lui seul de toute la puissance de la république ; il apostrophe le Roi ; il l'appelle fièrement *un prétendu Louis XVIII ;* et décochant sur la monarchie ses feuilles furibondes, s'il parvient à faire peur à quelques *chouans*, il s'élève comme un des héros de La Fontaine : *Je suis donc un foudre de guerre.*

Il faut aussi tenir compte de la peur qui hurle contre le Roi, de peur que son retour ne fasse tirer un coup de fusil de plus.

Peuple Français, ne te laisse point séduire par les sophismes de l'intérêt particulier, de la vanité ou de la poltronnerie. N'écoute plus les raisonneurs : on ne raisonne que trop en France, et *le raisonnement en bannit la raison.* Livre-toi sans crainte et sans réserve à l'instinct infaillible de ta conscience. Veux-tu te relever à tes propres yeux ? veux-tu acquérir le droit de t'estimer ? veux-tu faire un acte de souverain ? Rappelle ton souverain.

Parfaitement étranger à la France, que je n'ai jamais vue, et ne pouvant rien attendre de son Roi, que je ne connoîtrai jamais, si j'avance des erreurs, les Français peuvent au moins les lire sans colère, comme des erreurs entièrement désintéressées.

Mais que sommes-nous, foibles et aveugles humains! et qu'est-ce que cette lumière tremblotante que nous appelons *raison ?* Quand nous avons réuni toutes les probabilités, interrogé l'histoire, discuté tous les doutes et tous les intérêts, nous pouvons encore n'embrasser qu'une nue trompeuse au lieu de la vérité. Quel décret a-t-il prononcé ce grand Etre devant qui il n'y a rien de grand ; quels décrets a-t-il prononcés sur le Roi, sur sa dynastie, sur sa famille, sur la France et sur l'Europe ? Où, et quand finira l'ébranlement, et par combien de malheurs devons-nous encore acheter la tranquillité ? Est-ce pour détruire qu'il a renversé, ou bien ses rigueurs sont-elles sans retour ? Hélas ! un nuage sombre couvre l'avenir, et nul œil ne peut percer ces ténèbres. Cependant, tout annonce que l'ordre de choses établi en France ne peut durer, et que l'invincible nature doit ramener la monarchie. Soit donc que nos vœux s'accomplissent, soit que l'inexorable Providence en ait décidé autrement, il est curieux et même utile de rechercher, en ne perdant jamais de vue l'histoire et la nature de l'homme, comment s'opèrent ces grands changemens, et quel rôle pourra jouer la multitude dans un évènement dont la date seule paroît douteuse.

CHAPITRE IX.

COMMENT SE FERA LA CONTRE-RÉVOLUTION, SI ELLE ARRIVE ?

En formant des hypothèses sur la contre-révolution, on commet trop souvent la faute de raisonner comme si cette contre-révolution devoit être et ne pouvoit être que le résultat d'une délibération populaire. *Le peuple craint, dit-on; le peuple veut, le peuple ne consentira jamais; il ne convient pas au peuple,* etc. Quelle pitié, le peuple n'est pour rien dans les révolutions, ou du moins il n'y entre que comme instrument passif. Quatre ou cinq personnes, peut-être, donneront un Roi à la France. Des lettres de Paris annonceront aux provinces que la France a un Roi, et les provinces crieront: *Vive le Roi !* A Paris même, tous les habitans, moins une vingtaine peut-être, apprendront, en s'éveillant, qu'ils ont un Roi. *Est-il possible ?* s'écrieront-ils; *voilà qui est d'une singularité rare ! Qui sait par quelle porte il entrera ? Il seroit bon,* peut-être, *de louer des fenêtres d'avance, car on s'étouffera.* Le peuple, si la monarchie se rétablit, n'en décrétera pas plus le rétablissement qu'il n'en décréta la destruction, ou l'établissement du gouvernement révolutionnaire.

Je supplie qu'on veuille bien appuyer sur ces réflexions, et je les recommande surtout à ceux qui croient la révolution impossible, parce qu'il y a trop de Français attachés à la république, et qu'un changement feroit souffrir trop de monde. *Scilicet is superis labor est!* On peut certainement disputer la majorité à la république; mais qu'elle l'ait ou qu'elle ne l'ait pas, c'est ce qui n'importe point du tout : l'enthousiasme et le fanatisme ne sont point des états durables. Ce degré d'éréthisme fatigue bientôt la nature humaine; en sorte qu'à supposer même qu'un peuple, et surtout le peuple français, puisse vouloir une chose long-temps; il est sûr au moins qu'il ne sauroit la vouloir avec passion. Au contraire, l'accès de fièvre l'ayant lassé, l'abattement, l'apathie, l'indifférence succèdent toujours aux grands efforts de l'enthousiasme. C'est le cas où se trouve la France, qui ne désire plus rien avec passion, excepté le repos. Quand on supposeroit donc que la république a la majorité en France (ce qui est indubitablement faux), qu'importe ? Lorsque le Roi se présentera, sûrement on ne comptera pas les voix, et personne ne remuera; d'abord par la raison que celui même qui préfère la république à la monarchie, préfère cependant le repos à la république ; et encore, parce que les volontés contraires à la royauté ne pourront se réunir.

En politique comme en mécanique, les théories trompent, si l'on ne prend en considération les différentes qualités des matériaux qui forment *les machines*. Au premier coup-d'œil, par exemple, cette proposition paroît vraie : *Le consentement préalable des Français est nécessaire au rétablissement de la monarchie.* Cependant, rien n'est plus faux. Sortons des théories, et représentons-nous des faits.

Un courrier arrivé à Bordeaux, à Nantes, à Lyon, etc., apporte la nouvelle que *le Roi est reconnu à Paris ; qu'une faction quelconque (qu'on nomme ou qu'on ne nomme pas) s'est emparée de l'autorité, et a déclaré qu'elle ne la possède qu'au nom du Roi : qu'on a dépêché un courrier au souverain, qui est attendu incessamment, et que de toutes parts on arbore la cocarde blanche.* La renommée s'empare de ces

ces nouvelles, et les charge de mille circonstances imposantes? Que fera-t-on? Pour donner plus beau jeu à la république, je lui accorde la majorité, et même un corps de troupes républicaines. Ces troupes prendront peut-être, dans le premier moment, une attitude mutine; mais ce jour-là même elles voudront dîner, et commenceront à se détacher de la puissance qui ne paie plus. Chaque officier qui ne jouit d'aucune considération, et qui le sent très-bien, quoi qu'on en dise, voit tout aussi clairement que le premier qui criera *vive le Roi!* sera un grand personnage : l'amour-propre lui dessine d'un crayon séduisant, l'image d'un général des armées de *Sa Majesté Très-Chrétienne*, brillant de signes honorifiques, et regardant du haut de sa grandeur ces hommes qui le mandoient naguère à la barre de la municipalité. Ces idées sont si simples, si naturelles, qu'elles ne peuvent échapper à personne : chaque officier le sent ; d'où il suit qu'ils sont tous suspects les uns pour les autres. La crainte et la défiance produisent la délibération et la froideur. Le soldat, qui n'est pas électrisé par son officier, est encore plus découragé ; le lien de la discipline reçoit ce coup inexplicable, ce coup magique qui le relâche subitement. L'un tourne les yeux vers le payeur royal qui s'avance; l'autre profite de l'instant pour rejoindre sa famille : on ne sait ni commander ni obéir ; il n'y a plus d'ensemble.

C'est bien autre chose parmi les citadins : on va, on vient, on se heurte, on s'interroge : chacun redoute celui dont il auroit besoin; le doute consume les heures, et les minutes sont décisives : partout l'audace rencontre la prudence ; le vieillard manque de détermination, et le jeune homme de conseil : d'un côté sont des périls terribles, de l'autre une amnistie certaine et des grâces probables. Où sont d'ailleurs les moyens de résister ? où sont les chefs ? à qui se fier ? Il n'y a pas de danger dans le repos, et le moindre mouvement peut être une faute irrémissible : il faut donc attendre. On attend ; mais le lendemain on reçoit l'avis qu'une telle ville de guerre a ouvert ses portes; raison de plus pour ne rien précipiter. Bientôt on apprend que la nouvelle étoit fausse; mais deux autres villes qui l'ont crue vraie, ont donné l'exemple, en croyant le recevoir, elles viennent de se soumettre, et déterminent la première, qui n'y songeoit pas. Le gouverneur de cette place a présenté au Roi les clefs de *sa bonne ville de*....... c'est le premier officier qui a eu l'honneur de le recevoir dans une citadelle de son royaume. Le Roi l'a créé, sur la porte, maréchal de France ; un brevet immortel a couvert son écusson *de fleurs de lis sans nombre ;* son nom est à jamais le plus beau de la France. A chaque minute le mouvement royaliste se renforce ; bientôt il devient irrésistible. Vive le Roi ! s'écrient l'amour et la fidélité, au comble de la joie : vive le Roi ! répond l'hypocrite républicain, au comble de la terreur. Qu'importe ? il n'y a qu'un cri. — Et le Roi est sacré.

Citoyens ! voilà comment se font les contre-révolutions. Dieu s'étant réservé la formation des souverainetés, nous en avertit en ne confiant jamais à la multitude le choix de ses maîtres. Il ne l'emploie, dans ces grands mouvemens qui décident le sort des empires, que comme un instrument passif. Jamais elle n'obtient ce qu'elle veut : toujours elle accepte, jamais elle ne choisit. On peut même remarquer une *affectation* de la Providence (qu'on me permette cette expression), c'est que les efforts du peuple pour atteindre un objet, sont précisément le moyen qu'elle emploie pour l'en éloigner. Ainsi, le peuple romain se donna des maîtres en croyant combattre l'aristocratie à la suite de César. C'est l'image de toutes les insurrections populaires. Dans la révolution française, le peuple a constamment été enchaîné, outragé, ruiné, mutilé par toutes les factions ; et les factions, à leur tour, jouet les unes des autres, ont constamment dérivé, malgré tous leurs efforts, pour se briser enfin sur l'écueil qui les attendoit.

Que si l'on veut savoir le résultat probable de la révolution française, il suffit d'examiner en quoi toutes les factions se sont réunies : toutes ont voulu l'avilissement, la destruction même du christianisme universel et de la monarchie ; *d'où il suit* que tous leurs efforts n'aboutiront qu'à l'exaltation du christianisme et de la monarchie.

Tous les hommes qui ont écrit ou médité l'histoire, ont admiré cette force secrète qui se joue des conseils humains. Il étoit des nôtres ce grand capitaine de l'antiquité, qui l'honoroit comme une puissance intelligente et libre, et qui n'entreprenoit rien sans se recommander à elle (1).

---

(1) *Nihil rerum humanarum sinè Deorum numine geri putabat Timoleon ; itaque suæ domi sacellum Αὐτοματίας constituerat, idque sanctissimè colebat.* Corn. Nep. Vit. Timol., c. IV.

Mais c'est surtout dans l'établissement et le renversement des souverainetés que l'action de la Providence brille de la manière la plus frappante. Non-seulement les peuples en masse n'entrent dans ces grands mouvemens que comme le bois et les cordages employés par un machiniste ; mais leurs chefs même ne sont tels que pour les yeux étrangers : dans le fait, ils sont dominés comme ils dominent le peuple. Ces hommes qui, pris ensemble, semblent les tyrans de la multitude, sont eux-mêmes tyrannisés par deux ou trois hommes, qui le sont par un seul. Et si cet individu unique pouvoit et vouloit dire son secret, on verroit qu'il ne sait pas lui-même comment il a saisi le pouvoir ; que son influence est un plus grand mystère pour lui que pour les autres, et que des circonstances qu'il n'a pu ni prévoir ni amener, ont tout fait pour lui et sans lui.

Qui eût dit au fier Henri VI qu'une servante de cabaret lui arracheroit le sceptre de la France ? Les explications niaises qu'on a données de ce grand évènement ne le dépouillent point de son merveilleux ; et quoiqu'il ait été déshonoré deux fois, d'abord par l'absence et ensuite par la prostitution du talent, il n'est pas moins demeuré le seul sujet de l'histoire de France véritablement digne de la muse épique.

Croit-on que le *bras* qui se servit jadis d'un si foible instrument *soit raccourci*, et que le suprême ordonnateur des empires prenne l'avis des Français pour leur donner un Roi ? Non : il choisira encore, comme il l'a toujours fait, *ce qu'il y a de plus foible, pour confondre ce qu'il y a de plus fort*. Il n'a pas besoin des légions étrangères, il n'a pas besoin de la *coalition* ; et comme il a maintenu l'intégrité de la France, malgré les conseils et la force de tant de princes, *qui sont devant ses yeux comme s'ils n'étoient pas*, quand le moment sera venu, il rétablira la monarchie française malgré ses ennemis ; il chassera ces insectes bruyans *pulveris exigui jactu* : le Roi viendra, verra et vaincra.

Alors on s'étonnera de la profonde nullité de ces hommes qui paroissoient si puissans. Aujourd'hui, il appartient aux sages de prévenir ce jugement, et d'être sûrs, avant que l'expérience l'ait prouvé, que les dominateurs de la France ne possèdent qu'un pouvoir factice et passager, dont l'excès même prouve le néant ; *qu'ils n'ont été ni plantés, ni semés ; que leur tronc n'a point jeté de racines dans la terre , et qu'un souffle les emportera comme la paille* (1).

C'est donc bien en vain que tant d'écrivains insistent sur les inconvéniens du rétablissement de la monarchie : c'est en vain qu'ils effraient les Français sur les suites d'une contre-révolution; et lorsqu'ils concluent, de ces inconvéniens, que les Français, qui les redoutent, ne souffriront jamais le rétablissement de la monarchie, ils concluent très-mal ; car les Français ne délibèreront point, et c'est peut-être de la main d'une femmelette qu'ils recevront un Roi.

Nulle nation ne peut se donner un gouvernement : seulement, lorsque tel ou tel droit existe dans sa constitution (2), et que ce droit est méconnu ou comprimé, quelques hommes aidés de quelques circonstances, peuvent écarter les obstacles, et faire reconnoître les droits du peuple : le pouvoir humain ne s'étend pas au delà.

Au reste, quoique la Providence ne s'embarrasse nullement de ce qu'il en doit coûter

---

(1) Isaïe, XL, 24.
(2) J'entends sa constitution *naturelle ;* car sa constitution *écrite n'est que* du papier.

aux Français pour avoir un Roi, il n'est pas moins très-important d'observer qu'il y a certainement erreur ou mauvaise foi de la part des écrivains qui font peur aux Français des maux qu'entraîneroit le rétablissement de la monarchie.

CHAPITRE X.

DES PRÉTENDUS DANGERS D'UNE CONTRE-RÉVOLUTION.

§ I.er *Considérations générales.*

C'est un sophisme très-ordinaire à cette époque, d'insister sur les dangers d'une contre-révolution, pour établir qu'il ne faut pas en revenir à la monarchie.

Un grand nombre d'ouvrages destinés à persuader aux Français de s'en tenir à la république, ne sont qu'un développement de cette idée. Les auteurs de ces ouvrages appuient sur les maux inséparables des révolutions : puis, observant que la monarchie ne peut se rétablir en France sans une nouvelle révolution, ils en concluent qu'il faut maintenir la république.

Ce prodigieux sophisme, soit qu'il tire sa source de la peur ou de l'envie de tromper, mérite d'être soigneusement discuté.

Les mots engendrent presque toutes les erreurs. On s'est accoutumé à donner le nom de *contre-révolution* au mouvement quelconque qui doit tuer la révolution ; et parce que ce mouvement sera contraire à l'autre, il faudroit conclure tout le contraire.

Se persuaderoit-on, par hasard, que le retour de la maladie à la santé est aussi pénible que le passage de la santé à la maladie ? et que la monarchie, renversée par des monstres, doit être rétablie par leurs semblables ? Ah ! que ceux qui emploient ce sophisme lui rendent bien justice dans le fond de leur cœur ! Ils savent assez que les amis de la religion et de la monarchie ne sont capables d'aucun des excès dont leurs ennemis se sont souillés ; ils savent assez qu'en mettant tout au pis, et en tenant compte de toutes les foiblesses de l'humanité, le parti opprimé renferme mille fois plus de vertus que celui des oppresseurs ! Ils savent assez que le premier ne sait ni se défendre ni se venger : souvent même ils se sont moqués de lui assez haut sur ce sujet.

Pour faire la révolution française, il a fallu renverser la religion, outrager la morale, violer toutes les propriétés, et commettre tous les crimes : pour cette œuvre diabolique, il a fallu employer un tel nombre d'hommes vicieux, que jamais peut-être autant de vices n'ont agi ensemble pour opérer un mal quelconque. Au contraire, pour rétablir l'ordre, le Roi convoquera toutes les vertus; il le voudra, sans doute; mais, par la nature même des choses, il y sera forcé. Son intérêt le plus pressant sera d'allier la justice à la miséricorde; les hommes estimables viendront d'eux-mêmes se placer aux postes où ils peuvent être utiles; et la religion, prêtant son sceptre à la politique, lui donnera les forces qu'elle ne peut tenir que de cette sœur auguste.

Je ne doute pas qu'une foule d'hommes ne demandent qu'on leur montre le fondement de ces magnifiques espérances ; mais croit-on donc que le monde politique marche au hasard, et qu'il ne soit pas organisé, dirigé, animé par cette même sagesse qui brille dans le monde physique ? Les mains coupables qui renversent un état, opèrent nécessairement des déchiremens douloureux ; car nul agent libre ne peut contrarier les plans du Créateur, sans attirer, dans la sphère de son activité, des maux proportionnés à la grandeur de l'attentat ; et cette loi appartient plus à la bonté du grand Etre qu'à sa justice.

Mais, lorsque l'homme travaille pour rétablir l'ordre, il s'associe avec l'auteur de l'ordre ; il est favorisé par la *nature*, c'est-à-dire par l'ensemble des choses secondes, qui sont les ministres de la Divinité. Son action a quelque chose de divin ; elle est tout à la fois douce et impérieuse ; elle ne force rien, et rien ne lui résiste : en disposant, elle rassainit : à mesure qu'elle opère, on voit cesser cette inquiétude, cette agitation pénible qui est l'effet et le signe du désordre ; comme sous la main du chirurgien habile, le corps animal luxé est averti du replacement par la cessation de la douleur.

Français, c'est au bruit des chants infernaux, des blasphèmes de l'athéisme, des cris de mort et des longs gémissemens de l'innocence égorgée, c'est à la lueur des incendies, sur les débris du trône et des autels, arrosés par le sang du meilleur des Rois et par celui d'une foule innombrable d'autres victimes ; c'est au mépris des mœurs et de la foi publique, c'est au milieu de tous les forfaits, que vos séducteurs et vos tyrans ont fondé ce qu'ils appellent *votre liberté.*

C'est au nom du Dieu TRÈS-GRAND ET TRÈS-BON, à la suite des hommes qu'il aime et qu'il inspire, et sous l'influence de son pouvoir créateur, que vous reviendrez à votre ancienne constitution, et qu'un Roi vous donnera la seule chose que vous deviez désirer sagement, *la liberté par le monarque.*

Par quel déplorable aveuglement vous obstinez-vous à lutter péniblement contre cette puissance qui annulle tous vos efforts pour vous avertir de sa présence? Vous n'êtes impuissans que parce que vous avez osé vous séparer d'elle, et même la contrarier: du moment où vous agirez de concert avec elle, vous participerez en quelque manière à sa nature; tous les obstacles s'aplaniront devant vous, et vous rirez des craintes puériles qui vous agitent aujourd'hui. Toutes les pièces de la machine politique ayant une tendance naturelle vers la place qui leur est assignée, cette tendance, qui est divine, favorisera tous les efforts du Roi; et l'ordre étant l'élément naturel de l'homme, vous y trouverez le bonheur que vous cherchez vainement dans le désordre. La révolution vous a fait souffrir, parce qu'elle fut l'ouvrage de tous les vices, et que les vices sont très-justement les bourreaux de l'homme. Par la raison contraire le retour à la monarchie, loin de produire les maux que vous craignez pour l'avenir, fera cesser ceux qui vous consument aujourd'hui ; tous vos efforts seront positifs ; vous ne détruirez que la destruction.

Détrompez-vous une fois de ces doctrines désolantes, qui ont déshonoré notre siècle et perdu la France. Déjà vous avez appris à connoître les prédicateurs de ces dogmes funestes ; mais l'impression qu'ils ont faite sur vous n'est pas effacée. Dans tous vos plans de création et de restauration, vous n'oubliez que Dieu : ils vous ont séparé de lui : ce n'est plus que par un effort de raisonnement que vous élevez vos pensées jusqu'à la source intarissable de toute existence. Vous ne voulez voir que l'homme ; son action si foible, si dépendante, si circonscrite ; sa volonté si corrompue, si flottante ; et l'existence d'une cause supérieure n'est pour vous qu'une théorie. Cependant elle vous presse, elle vous environne : vous la touchez, et l'univers entier vous l'annonce. Quand on vous dit que sans elle vous ne serez forts que pour détruire, ce n'est point une vaine théorie qu'on vous débite, c'est une vérité-pratique fondée sur l'expérience de tous les siècles, et sur la connoissance de la nature humaine. Ouvrez l'histoire, vous ne verrez pas une création politique; que dis-je! vous ne verrez pas une institution quelconque, pour peu qu'elle ait de force et de durée, qui ne repose sur une idée divine; de quelque nature qu'elle soit, n'importe: car il n'est point de système religieux entièrement faux. Ne nous parlez donc plus des difficultés et des malheurs qui vous alarment sur les suites de ce que vous appelez *contre-révolution*. Tous les malheurs que vous avez éprouvés viennent de vous; pourquoi n'auriez-vous pas été blessés par les ruines de l'édifice que vous avez renversé sur vous-mêmes ? La reconstruction est un autre ordre de choses ; rentrez seulement dans la voie qui peut vous y conduire. Ce n'est pas par le chemin du néant que vous arriverez à la création.

Oh! qu'ils sont coupables ces écrivains trompeurs ou pusillanimes, qui se permettent d'effrayer le peuple de ce vain épouvantail qu'on appelle *contre-révolution !* qui, tout en convenant que la révolution fut un fléau épouvantable, soutiennent cependant qu'il est impossible de revenir en arrière. Ne diroit-on pas que les maux de la révolution sont terminés, et que les Français sont arrivés au port? Le règne de Robespierre a tellement écrasé ce peuple, a tellement frappé son imagination, qu'il tient pour supportable et presque pour heureux tout état de choses où l'on n'égorge pas sans interruption. Durant la ferveur du terrorisme, les étrangers remarquoient que toutes les lettres de France, qui racontoient les scènes affreuses de cette cruelle époque, finissoient par ces mots : *A présent on est tranquille ;* c'est-à-dire *les bourreaux se reposent ; ils reprennent des forces ; en attendant tout va bien.* Ce sentiment a survécu au régime infernal qui l'a produit. Le Français, pétrifié par la terreur, et découragé par les erreurs de la politique étrangère, s'est renfermé dans un égoïsme qui ne lui permet plus de voir que lui-même, et le lieu et le moment où il existe : on assassine en cent endroits de la France ; n'importe, car ce n'est pas lui qu'on a pillé ou massacré : si c'est dans sa rue, à côté de chez lui qu'on ait commis quelqu'un de ces attentats ; qu'importe encore ? Le moment est passé ;

maintenant tout est tranquille : il doublera ses verroux et n'y pensera plus : en un mot, tout Français est suffisamment heureux le jour où on ne le tue pas.

Cependant les lois sont sans vigueur, le gouvernement reconnoît son impuissance pour les faire exécuter : les crimes les plus infâmes se multiplient de toutes parts : le démon révolutionnaire relève fièrement la tête, la constitution n'est qu'une toile d'araignée, et le pouvoir se permet d'horribles attentats. Le mariage n'est qu'une prostitution légale; il n'y a plus d'autorité paternelle, plus d'effroi pour le crime, plus d'asile pour l'indigence. Le hideux suicide dénonce au gouvernement le désespoir des malheureux qui l'accusent. Le peuple se démoralise de la manière la plus effrayante ; et l'abolition du culte, jointe à l'absence totale d'éducation publique, prépare à la France une génération dont l'idée seule fait frissonner.

Lâches optimistes ! voilà donc l'ordre de choses que vous craignez de voir changer ! Sortez, sortez de votre malheureuse léthargie ! au lieu de montrer au peuple les maux imaginaires qui doivent résulter d'un changement, employez vos talens à lui faire désirer la commotion

motion douce et rassainissante qui ramènera le Roi sur son trône, et l'ordre dans la France.

Montrez-nous, hommes trop préoccupés, montrez-nous ces maux si terribles, dont on vous menace pour vous dégoûter de la monarchie ; ne voyez-vous pas que vos institutions républicaines n'ont point de racines, et qu'elles ne sont que *posées* sur votre sol, au lieu que les précédentes y étoient *plantées*. Il a fallu la hache pour renverser celles-ci ; les autres céderont à un souffle et ne laisseront point de traces. Ce n'est pas tout-à-fait la même chose, sans doute, d'ôter à un président à mortier sa dignité héréditaire qui étoit une propriété, ou de faire descendre de son siége un juge temporaire qui n'a point de dignité. La révolution a beaucoup fait souffrir, parce qu'elle a beaucoup détruit; parce qu'elle a violé brusquement et durement toutes les propriétés, tous les préjugés et toutes les coutumes ; parce que toute tyrannie plébéienne étant, de sa nature, fougueuse, insultante et impitoyable, celle qui a opéré la révolution française a dû pousser ce caractère à l'excès ; l'univers n'ayant jamais vu de tyrannie plus basse et plus absolue.

L'opinion est la fibre sensible de l'homme :

on lui fait pousser les hauts cris quand on le blesse dans cet endroit ; c'est ce qui a rendu la révolution si douloureuse, parce qu'elle a foulé aux pieds toutes les grandeurs d'opinion. Or, quand le rétablissement de la monarchie causeroit à un aussi grand nombre d'hommes les mêmes privations réelles, il y auroit toujours une différence immense, en ce qu'elle ne détruiroit aucune dignité ; car il n'y a point de dignité en France, par la raison qu'il n'y a point de souveraineté.

Mais, à ne considérer même que les privations physiques, la différence ne seroit pas moins frappante. La puissance usurpatrice immoloit les innocens ; le Roi pardonnera aux coupables : l'une abolissoit les propriétés légitimes, l'autre réfléchira sur les propriétés illégitimes. L'une a pris pour devise : *Diruit, ædificat, mutat quadrata rotundis*. Après sept ans d'efforts, elle n'a pu encore organiser une école primaire ou une fête champêtre : il n'est pas jusqu'à ses partisans qui ne se moquent de ses lois, de ses emplois, de ses institutions, de ses fêtes, et même de ses habits : l'autre, bâtissant sur une base vraie, ne tâtonnera point : une force inconnue présidera à ses actes ; il n'agira que pour restaurer : or, toute action régulière ne tourmente que le mal.

C'est encore une grande erreur d'imaginer que le peuple ait quelque chose à perdre au rétablissement de la monarchie ; car le peuple n'a gagné qu'en idée au bouleversement général: *Il a droit à toutes les places*, dit-on ; qu'importe? il s'agit de savoir ce qu'elles valent. Ces places, dont on fait tant de bruit et qu'on offre au peuple comme une grande conquête, ne sont rien dans le fait au tribunal de l'opinion. L'état militaire même, honorable en France pardessus tous les autres, a perdu son éclat : il n'a plus de grandeur d'opinion, et la paix l'abaissera encore. On menace les militaires du rétablissement de la monarchie, et personne n'y a plus d'intérêt qu'eux. Il n'y a rien de si évident que la nécessité où sera le Roi de les maintenir à leur poste ; et il dépendra d'eux, plus tôt ou plus tard, de changer cette nécessité de politique en nécessité d'affection, de devoir et de reconnoissance. Par une combinaison extraordinaire de circonstances, il n'y a rien dans eux qui puisse choquer l'opinion la plus royaliste. Personne n'a droit de les mépriser, puisqu'ils ne combattent que pour la France : il n'y a entre eux et le Roi aucune barrière de préjugés capable de gêner ses devoirs ; il est français avant tout. Qu'ils se souviennent de Jacques II, durant le combat de la *Hogue*, applaudissant, du bord de la mer, à la valeur de ces Anglais qui achevoient de le détrôner : pourroient-ils douter que le Roi ne soit fier de leur valeur, et ne les regarde dans son cœur comme les défenseurs de l'intégrité de son royaume ? N'a-t-il pas applaudi publiquement à cette valeur, en regrettant (il le falloit bien) *qu'elle ne se déployât pas pour une meilleure cause* ? N'a-t-il pas félicité les braves de l'armée de Condé, *d'avoir vaincu des haines que l'artifice le plus profond travailloit depuis si long-temps à nourrir* ? (1) Les militaires français, après leurs victoires, n'ont plus qu'un besoin : c'est que la souveraineté légitime vienne légitimer leur caractère ; maintenant on les craint et on les méprise. La plus profonde insouciance est le prix de leurs travaux, et leurs concitoyens sont les hommes de l'univers les plus indifférens aux triomphes de l'armée : ils vont souvent jusqu'à détester ces victoires qui nourrissent l'humeur guerrière de leurs maîtres. Le rétablissement de la monarchie donnera subitement aux militaires une haute place dans l'opinion;

---

(1) Lettre du Roi au prince de Condé, du 3 janvier 1797, imprimée dans tous les papiers publics.

les talens recueilleront sur leur route une dignité réelle, une illustration toujours croissante, qui sera la propriété des guerriers, et qu'ils transmettront à leurs enfans; cette gloire pure, cet éclat tranquille, vaudront bien les mentions honorables, et l'ostracisme de l'oubli qui a succédé à l'échafaud.

Si l'on envisage la question sous un point de vue plus général, on trouvera que la monarchie est, sans contredit, le gouvernement qui donne le plus de distinction à un plus grand nombre de personnes. La souveraineté, dans cette espèce de gouvernement, possède assez d'éclat pour en communiquer une partie, avec les gradations nécessaires, à une foule d'agens qu'elle distingue plus ou moins. Dans la république, la souveraineté n'est point palpable comme dans la monarchie; c'est un être purement moral, et sa grandeur est incommunicable : aussi les emplois ne sont rien dans les républiques hors de la ville où réside le gouvernement; et ils ne sont rien encore qu'en tant qu'ils sont occupés par des membres du gouvernement; alors c'est l'homme qui honore l'emploi, ce n'est point l'emploi qui honore l'homme: celui-ci ne brille point comme *agent*, mais comme *portion* du souverain.

On peut voir dans les provinces qui obéissent à des républiques, que les emplois (si l'on excepte ceux qui sont réservés aux membres du souverain) élèvent très-peu les hommes aux yeux de leurs semblables, et ne signifient presque rien dans l'opinion ; car la république, par sa nature, est le gouvernement qui donne le plus de droits au plus petit nombre d'hommes qu'on appelle le *souverain*, et qui en ôte le plus à tous les autres qu'on appelle les *sujets*.

Plus la république approchera de la démocratie pure, et plus l'observation sera frappante.

Qu'on se rappelle cette foule innombrable d'emplois (en faisant même abstraction de toutes les places abusives) que l'ancien gouvernement de France présentoit à l'ambition universelle. Le clergé séculier et régulier, l'épée, la robe, les finances, l'administration, etc., que de portes ouvertes à tous les talens et à tous les genres d'ambition ! Quelles gradations incalculables de distinctions personnelles ! De ce nombre infini de places, aucune n'étoit mise par le droit au dessus des prétentions du simple citoyen (1) : il y en avoit même une

---

(1) La fameuse loi qui excluoit le tiers-état du service militaire, ne pouvoit être exécutée ; c'étoit simplement

quantité énorme qui étoient des propriétés précieuses, qui faisoient réellement du propriétaire un *notable*, et qui n'appartenoient exclusivement qu'au tiers-état.

Que les premières places fussent de plus difficile abord au simple citoyen, c'étoit une chose très-raisonnable. Il y a trop de mouvement dans l'état, et pas assez de subordination, lorque *tous* peuvent prétendre à *tout*. L'ordre exige qu'en général les emplois soient gradués comme l'état des citoyens, et que les talens, et quelquefois même la simple protection, abaissent les barrières qui séparent les différentes classes. De cette manière, il y a émulation sans humiliation, et mouvement sans destruction ; la distinction attachée à un emploi n'est même produite, comme le mot le dit, que par la difficulté plus ou moins grande d'y parvenir.

Si l'on objecte que ces distinctions sont mauvaises, on change l'état de la question ; mais je dis : Si vos emplois n'élèvent point ceux qui les possèdent, ne vous vantez pas de les donner à tout le monde ; car vous ne donnerez rien.

---

une gaucherie ministerielle, dont la passion a parlé comme d'une loi fondamentale.

Si au contraire, les emplois sont et doivent être des distinctions, je répète ce qu'aucun homme de bonne foi ne pourra me nier, que la monarchie est le gouvernement qui, par les seules charges, et indépendamment de la noblesse, *distingue* un plus grand nombre d'hommes du reste de leurs concitoyens.

Il ne faut pas être la dupe, d'ailleurs, de cette égalité idéale qui n'est que dans les mots. Le soldat qui a le privilége de parler à son officier avec un ton grossièrement familier, n'est pas pour cela son égal. L'aristocratie des places, qu'on ne pouvoit apercevoir d'abord dans le bouleversement général, commence à se former; la noblesse même reprend son indestructible influence. Les troupes de terre et de mer sont déjà commandées, en partie, par des gentilshommes, ou par des élèves que l'ancien régime avoit anoblis, en les agrégeant à une profession noble. La république a même obtenu par eux ses plus grands succès. Si la délicatesse, peut-être malheureuse, de la noblesse française, ne l'avoit pas écartée de la France, elle commanderoit déjà partout; et c'est une chose assez commune d'y entendre dire *que si la noblesse avoit voulu, on lui auroit donné tous les emplois.* Certes, au moment où j'écris (4 janvier 1797) la république voudroit bien avoir sur ses vaisseaux les nobles qu'elle a fait massacrer à Quiberon.

Le peuple, ou la masse des citoyens n'a donc rien à perdre ; et au contraire il a tout à gagner au rétablissement de la monarchie, qui ramènera une foule de distinctions réelles, lucratives et même héréditaires, à la place des emplois passagers et sans dignité que donne la république.

Je n'ai point insisté sur les émolumens attachés aux places, puisqu'il est notoire que la république ne paie point ou paie mal. Elle n'a produit que des fortunes scandaleuses : le vice seul s'est enrichi à son service.

Je terminerai cet article par des observations qui prouvent clairement (ce me semble) que le danger qu'on voit dans la contre-révolution, se trouve précisément dans le retard de ce grand changement.

La famille des Bourbons ne peut être atteinte par les chefs de la république : elle existe ; ses droits sont visibles, et son silence parle plus haut, peut-être, que tous les manifestes possibles.

C'est une vérité qui saute aux yeux, que la république française, même depuis qu'elle semble avoir adouci ses maximes, ne peut avoir de véritables alliés. Par sa nature, elle est ennemie de tous les gouvernemens : elle tend à les détruire tous ; en sorte que tous ont un intérêt à la détruire. La politique peut sans doute donner des alliés à la république (1) ; mais ces alliances sont contre nature, ou, si l'on veut, la *France* a des alliés, mais la *république française* n'en a point.

Amis et ennemis s'accorderont toujours pour donner un Roi à la France. On cite souvent le succès de la révolution anglaise dans le dernier siècle ; mais quelle différence ! La monarchie n'étoit pas renversée en Angleterre. Le monarque seul avoit disparu pour faire place à un autre. Le sang même des Stuarts étoit sur le trône ; et c'étoit de lui que le nouveau Roi tenoit son droit. Ce Roi étoit de son chef un prince fort de toute la puissance de sa maison et de ses relations de famille. Le

---

(1) *Scimus, et hanc veniam petimusque damusque vicissim ;*
Sed non ut placidis coeant immitia, non ut
Serpentes avibus geminentur, tigribus agni.
C'est ce que certains cabinets peuvent dire de mieux à l'Europe qui les interroge.

gouvernement d'Angleterre n'avoit d'ailleurs rien de dangereux pour les autres : c'étoit une monarchie comme avant la révolution : cependant, il s'en fallut de bien peu que Jacques II ne retînt le sceptre : et s'il avoit eu un peu plus de bonheur ou seulement un peu plus d'adresse, il ne lui auroit point échappé; et quoique l'Angleterre eût un Roi; quoique les préjugés religieux se réunissent aux préjugés politiques pour exclure le prétendant; quoique la situation seule de ce royaume le défendît contre une invasion; néanmoins, jusqu'au milieu de ce siècle, le danger d'une seconde révolution a pesé sur l'Angleterre. Tout a tenu, comme on sait, à la bataille de *Culloden.*

En France, au contraire, le gouvernement n'est pas monarchique; il est même l'ennemi de toutes les monarchies environnantes ; ce n'est point un prince qui commande ; et si jamais l'état est attaqué, il n'y a pas d'apparence que les parens étrangers des pentarques lèvent des troupes pour les défendre. La France sera donc dans un danger habituel de guerre civile ; et ce danger aura deux causes constantes, car elle aura sans cesse à redouter les justes droits des Bourbons, ou la politique astucieuse des autres puissances qui pourroient essayer de mettre à profit les circonstances. Tant que le trône de France sera occupé par le souverain légitime, nul prince dans l'univers ne peut songer à s'en emparer ; mais tant qu'il est vacant, toutes les ambitions royales peuvent le convoiter et se heurter. D'ailleurs, le pouvoir est à la portée de tout le monde, depuis qu'il est placé dans la poussière. Le gouvernement régulier exclut une infinité de projets; mais sous l'empire d'une souveraineté fausse, il n'y a point de projets chimériques ; toutes les passions sont déchaînées, et toutes ont des espérances fondées. Les poltrons qui repoussent le Roi, de peur de la guerre civile, en préparent justement les matériaux. C'est parce qu'ils veulent follement *le repos et la constitution*, qu'ils n'auront ni le repos ni la constitution. Il n'y a point de sécurité parfaite pour la France dans l'état où elle est. Le Roi seul, et le Roi légitime, en élevant du haut de son trône le sceptre de Charlemagne, peut éteindre ou désarmer toutes les haines, tromper tous les projets sinistres, classer les ambitions en classant les hommes, calmer les esprits agités, et créer subitement autour du pouvoir cette enceinte magique qui en est la véritable gardienne.

Il est encore une réflexion qui doit être sans cesse devant les yeux des Français qui font portion des autorités actuelles, et que leur position met à même d'influer sur le rétablissement de la monarchie. Les plus estimables de ces hommes ne doivent point oublier qu'ils seront entraînés, plus tôt ou plus tard, par la force des choses; que le temps fuit, et que la gloire leur échappe. Celle dont ils peuvent jouir est une gloire de comparaison : ils ont fait cesser les massacres ; ils ont tâché de sécher les larmes de la nation : ils brillent, parce qu'ils ont succédé aux plus grands scélérats qui aient souillé ce globe ; mais lorsque cent causes réunies auront relevé le trône, l'*amnistie*, dans la force du terme, sera pour eux ; et leurs noms à jamais obscurs, demeureront ensevelis dans l'oubli. Qu'ils ne perdent donc jamais de vue l'auréole immortelle qui doit environner les noms des restaurateurs de la monarchie. Toute insurrection du peuple contre les nobles n'aboutissant jamais qu'à une création de nouveaux nobles, on voit déjà comment se formeront ces nouvelles races, dont les circonstances hâteront l'illustration ; et qui, dès leur berceau, pourront prétendre à tout.

§ II.

Des Biens nationaux.

On effraie les Français de la restitution des biens nationaux ; on accuse le Roi de n'avoir osé toucher, dans sa déclaration, à cet article délicat. On pourroit dire à une très-grande partie de la nation : Que vous importe ? et ce ne seroit peut-être pas tant mal répondre. Mais, pour n'avoir pas l'air d'éviter les difficultés, il vaut mieux observer que l'intérêt visible de la France en général, à l'égard des biens nationaux, et même l'intérêt bien entendu des acquéreurs de ces biens, en particulier, s'accorde avec le rétablissement de la monarchie. Le brigandage exercé à l'égard de ces biens frappe la conscience la plus insensible. Personne ne croit à la légitimité de ces acquisitions ; et celui même qui déclame le plus éloquemment sur ce sujet, dans le sens de la législation actuelle, s'empresse de revendre pour assurer son gain. On n'ose pas jouir pleinement ; et plus les esprits se refroidiront, moins on osera dépenser sur ces fonds. Les bâtimens dépériront, et l'on n'osera de long-temps en élever de nouveaux : les avances seront foibles ; le capital de la France dépérira considérablement. Il y a déjà beaucoup de mal dans ce genre, et ceux qui ont pu réfléchir sur les abus des *décrets*, doivent comprendre ce que c'est qu'un décret jeté sur le tiers peut-être du plus puissant royaume de l'Europe.

Très-souvent, dans le sein du corps législatif, on a tracé des tableaux frappans de l'état déplorable de ces biens. Le mal ira toujours en augmentant, jusqu'à ce que la conscience publique n'ait plus de doute sur la solidité de ces acquisitions ; mais quel œil peut apercevoir cette époque ?

A ne considérer que les possesseurs, le premier danger pour eux vient du gouvernement. Qu'on ne s'y trompe pas, il ne lui est point égal de prendre ici ou là : le plus injuste qu'on puisse imaginer, ne demandera pas mieux que de remplir ses coffres en se faisant le moins d'ennemis possible. Or, on sait à quelles conditions les acheteurs ont acquis : on sait de quelles manœuvres infâmes, de quel *agio* scandaleux ces biens ont été l'objet. Le vice primitif et continué de l'acquisition est indélébile à tous les yeux ; ainsi le gouvernement français ne peut ignorer qu'en pressurant ces acquéreurs, il aura l'opinion publique pour lui, et qu'il ne sera injuste que pour eux;

d'ailleurs, dans les gouvernemens populaires, même légitimes, l'injustice n'a point de pudeur ; on peut juger de ce qu'elle sera en France, où le gouvernement, variable comme les personnes, et manquant d'identité, ne croit jamais revenir sur son propre ouvrage en renversant ce qui est fait.

Il tombera donc sur les biens nationaux dès qu'il le pourra. Fort de la conscience, et (ce qu'il ne faut pas oublier) de la jalousie de tous ceux qui n'en possèdent pas, il tourmentera les possesseurs, ou par de nouvelles ventes modifiées d'une certaine manière, ou par des appels généraux en supplément de prix, ou par des impôts extraordinaires ; en un mot, ils ne seront jamais tranquilles.

Mais tout est stable sous un gouvernement stable ; en sorte qu'il importe même aux acquéreurs des biens nationaux que la monarchie soit rétablie, pour savoir à quoi s'en tenir. C'est bien mal-à-propos qu'on a reproché au Roi de n'avoir pas parlé clair sur ce point dans sa déclaration : il ne pouvoit le faire sans une extrême imprudence. Une loi sur ce point, ne sera peut-être pas, quand il en sera temps, le tour de force de la législation.

Mais il faut se rappeler ici ce que j'ai dit
dans

dans le chapitre précédent ; les convenances de telle ou telle classe d'individus n'arrêteront point la contre-révolution. Tout ce que je prétends prouver, c'est qu'il leur importe que le petit nombre d'hommes qui peut influer sur ce grand évènement, n'attende pas que les abus accumulés de l'anarchie le rendent inévitable, et l'amènent brusquement ; car plus le Roi sera nécessaire, et plus le sort de tous ceux qui ont gagné à la révolution doit être dur.

§ III.

Des Vengeances.

Un autre épouvantail dont on se sert pour faire redouter aux Français le retour de leur Roi, ce sont les vengeances dont ce retour doit être accompagné.

Cette objection, comme les autres, est surtout faite par des hommes d'esprit qui n'y croient point : il est cependant bon de la discuter en faveur des honnêtes gens qui la croient fondée.

Nombre d'écrivains royalistes ont repoussé, comme une insulte, ce désir de vengeance qu'on suppose à leur parti; un seul va parler pour tous : je le cite pour mon plaisir et pour celui de mes lecteurs. On ne m'accusera pas de le choisir parmi les royalistes à la glace.

« Sous l'empire d'un pouvoir illégitime, les
» plus horribles vengeances sont à craindre ;
» car qui auroit le droit de les réprimer ? La
» victime ne peut invoquer à son aide l'au-
» torité des lois qui n'existent pas, et d'un
» gouvernement qui n'est que l'œuvre du
» crime et de l'usurpation.

» Il en est tout autrement d'un gouverne-
» ment assis sur ses bases sacrées, antiques,
» légitimes ; il a le droit d'étouffer les plus
» justes vengeances, et de punir à l'instant
» du glaive des lois quiconque se livre plus
» au sentiment de la nature qu'à celui de
» ses devoirs.

» Un gouvernement légitime a seul le droit
» de proclamer l'amnistie, et les moyens de
» la faire observer.

» Alors il est démontré que le plus parfait,
» le plus pur des royalistes, le plus grièvement
» outragé dans ses parens, dans ses propriétés,
» doit être puni de mort, sous un gouverne-
» ment légitime, s'il ose venger lui-même ses
» propres injures, quand le Roi lui en a com-
» mandé le pardon.

» C'est donc sous un gouvernement fondé
» sur nos lois que l'amnistie peut être sûre-
» ment accordée, et qu'elle peut être sévè-
» rement observée.

» Ah! sans doute il seroit facile de discuter
» jusqu'à quel point le droit du Roi peut
» étendre une amnistie. Les exceptions que
» prescrit le premier de ses devoirs sont bien
» évidentes. Tout ce qui fut teint du sang de
» Louis XVI, n'a de grâce à espérer que de
» Dieu; mais qui oseroit ensuite tracer d'une
» main sûre les limites où doivent s'arrêter
» l'amnistie et la clémence du Roi? Mon cœur
» et ma plume s'y refusent également. Si
» quelqu'un ose jamais écrire sur un pareil
» sujet, ce sera sans doute cet homme rare
» et unique peut-être, s'il existe, qui lui-
» même n'a jamais failli dans le cours de cette
» horrible révolution; et dont le cœur, aussi
» pur que la conduite, n'eut jamais besoin
» de grâce (1). »

La raison et le sentiment ne sauroient s'exprimer avec plus de noblesse. Il faudroit

---

(1) *Observations sur la conduite des puissances coalisées*, par M. le comte d'Antraigues; avant-propos,
p. XXXIV *et suiv.*

plaindre l'homme qui ne reconnoîtroit pas dans ce morceau l'accent de la conviction.

Dix mois après la date de cet écrit, le Roi a prononcé dans sa déclaration, ce mot si connu et si digne de l'être: *Qui oseroit se venger quand le Roi pardonne ?*

Il n'a excepté de l'amnistie que ceux qui votèrent la mort de Louis XVI, les coopérateurs, les instrumens directs et immédiats de son supplice, et les membres du tribunal révolutionnaire qui envoya à l'échafaud la Reine et madame Elisabeth. Cherchant même à restreindre l'anathème à l'égard des premiers, autant que la conscience et l'honneur le lui permettoient, il n'a point mis au rang des parricides ceux dont il est permis de croire *qu'ils ne se mêlèrent aux assassins de Louis XVI que dans le dessein de le sauver.*

A l'égard même *de ces monstres que la postérité ne nommera qu'avec horreur*, le Roi s'est contenté de dire, avec autant de mesure que de justice, que *la France entière appelle sur leurs têtes le glaive de la justice.*

Par cette phrase, il n'est point privé du droit de faire grâce en particulier : c'est aux coupables à voir ce qu'ils pourroient mettre dans la balance pour faire équilibre à leur forfait. Monk se servit d'*Ingolsby* pour arrêter *Lambert*. On peut faire encore mieux qu'Ingolsby.

J'observerai de plus, sans prétendre affoiblir la juste horreur qui est due aux meurtriers de Louis XVI, qu'aux yeux de la justice divine tous ne sont pas également coupables. Au moral comme au physique, la force de la fermentation est en raison des masses fermentantes. Les soixante-dix juges de Charles Ier étoient bien plus maîtres d'eux-mêmes que les juges de Louis XVI. Il y eut certainement parmi ceux-ci des coupables bien délibérés, qu'il est impossible de détester assez ; mais ces grands coupables avoient eu l'art d'exciter une telle terreur; ils avoient fait sur les esprits moins vigoureux une telle impression, que plusieurs députés, je n'en doute nullement, furent privés d'une partie de leur libre arbitre. Il est difficile de se former une idée nette du délire indéfinissable et surnaturel qui s'empara de l'assemblée à l'époque du jugement de Louis XVI. Je suis persuadé que plusieurs des coupables, en se rappelant cette funeste époque, croient avoir fait un mauvais rêve; qu'ils sont tentés de douter de ce qu'ils ont fait, et qu'ils s'expliquent moins à eux-mêmes que nous ne pouvons les expliquer.

Ces coupables, fâchés et supris de l'être, devroient tâcher de faire leur paix.

Au surplus, ceci ne regarde qu'eux; car la nation seroit bien vile, si elle regardoit comme un inconvénient de la contre-révolution, la punition de pareils hommes; mais pour ceux même qui auroient cette foiblesse, on peut observer que la Providence a déjà commencé la punition des coupables : plus de soixante régicides, parmi les plus coupables, ont péri de mort violente; d'autres périront sans doute, ou quitteront l'Europe avant que la France ait un Roi; très-peu tomberont entre les mains de la justice.

Les Français, parfaitement tranquilles sur les vengeances judiciaires, doivent l'être de même sur les vengeances particulières : ils ont à cet égard les protestations les plus solennelles; ils ont la parole de leur Roi; il ne leur est pas permis de craindre.

Mais comme il faut parler à tous les esprits, et prévenir toutes les objections; comme il faut répondre même à ceux qui ne croient point à l'honneur et à la foi, il faut prouver que les vengeances particulières ne sont pas possibles.

Le souverain le plus puissant n'a que deux

bras ; il n'est fort que par les instrumens qu'il emploie, et que l'opinion lui soumet. Or, quoiqu'il soit évident que le Roi, après la restauration supposée, ne cherchera qu'à pardonner, faisons, pour mettre les choses au pis, une supposition toute contraire. Comment s'y prendroit-il s'il vouloit exercer des vengeances arbitraires ? L'armée française, telle que nous la connoissons, seroit-elle un instrument bien souple entre ses mains ? L'ignorance et la mauvaise foi se plaisent à représenter ce Roi futur comme un Louis XIV, qui, semblable au Jupiter d'Homère, n'avoit qu'à froncer le sourcil pour ébranler la France. On ose à peine prouver combien cette supposition est fausse. Le pouvoir de la souveraineté est tout moral; elle commande vainement si ce pouvoir n'est pas pour elle; et il faut le posséder dans sa plénitude pour en abuser. Le Roi de France qui montera sur le trône de ses ancêtres, n'aura sûrement pas l'envie de commencer par des abus; et s'il l'avoit, elle seroit vaine, parce qu'il ne seroit pas assez fort pour la contenter. Le bonnet rouge, en touchant le front royal, a fait disparoître les traces de l'huile sainte : le charme est rompu; de longues profanations ont détruit l'empire divin des préjugés nationaux; et long-temps encore, pendant que la froide raison courbera les corps, les esprits resteront debout. On fait semblant de craindre que le nouveau Roi de France ne sévisse contre ses ennemis : l'infortuné ! pourra-t-il seulement récompenser ses amis (1) ?

Les Français ont donc deux garans infaillibles contre les prétendues vengeances dont on leur fait peur, l'intérêt du Roi et son impuissance (2).

Le retour des émigrés fournit encore aux

---

(1) On connoît la plaisanterie de Charles II sur le pléonasme de la formule anglaise, AMNISTIE ET OUBLI: *Je comprends*, dit-il; amnistie *pour mes ennemis*, et oubli *pour mes amis*.

(2) Les évènemens ont justifié toutes ces prédictions du bon sens. Depuis que cet ouvrage est achevé, le gouvernement français a publié les pièces de deux conspirations découvertes, et qui se jugent d'une manière un peu différente: l'une jacobine, et l'autre royaliste. Dans le drapeau du jacobinisme il étoit écrit : *Mort à tous nos ennemis*; et dans celui du royalisme : *Grâce à tous ceux qui ne la refuseront pas*. Pour empêcher le peuple de tirer les conséquences, on lui a dit que le parlement devoit annuller l'amnistie royale; mais cette bêtise passe le *maximum*; sûrement elle ne fera pas fortune.

adversaires de la monarchie un sujet intarissable de craintes imaginaires ; il importe de dissiper cette vision.

La première chose à remarquer, c'est qu'il est des propositions vraies dont la vérité n'a qu'une époque ; cependant on s'accoutume à les répéter long-temps après que le temps les a rendues fausses et même ridicules. Le parti attaché à la révolution pouvoit craindre le retour des émigrés peu de temps après la loi qui les proscrivit : je n'affirme point cependant qu'ils eussent raison ; mais qu'importe ? c'est là une question purement oiseuse, dont il seroit très-inutile de s'occuper. La question est de savoir si, *dans ce moment*, la rentrée des émigrés a quelque chose de dangereux pour la France.

La noblesse envoya 284 députés à ces états-généraux de funeste mémoire, qui ont produit tout ce que nous avons vu. Par un travail fait sur plusieurs bailliages, on n'a jamais trouvé plus de 80 électeurs pour un député. Il n'est pas absolument impossible que certains bailliages aient présenté un nombre plus fort ; mais il faut aussi tenir compte des individus qui ont opiné dans plus d'un bailliage.

Tout bien considéré, on peut évaluer à

25,000 le nombre des chefs de familles nobles qui députèrent aux états-généraux ; et en multipliant par 5, nombre commun attribué, comme on sait, à chaque famille, nous aurons 125,000 têtes nobles. Prenons 130,000 pour caver au plus fort: ôtons les femmes ; restent 65,000. Retranchons de ce dernier nombre, 1.º les nobles qui ne sont jamais sortis; 2.º ceux qui sont rentrés; 3.º les vieillards; 4.º les enfans; 5.º les malades; 6.º les prêtres ; 7.º tous ceux qui ont péri par la guerre, par les supplices, ou par l'ordre seul de la nature, il restera un nombre qu'il n'est pas aisé de déterminer au juste, mais qui, sous tous les points de vue possibles, ne sauroit alarmer la France.

Un prince, digne de son nom, mène aux combats 5 ou 6000 hommes au plus; ce corps, qui n'est pas même, à beaucoup près, tout composé de nobles, a fait preuve d'une valeur admirable sous des drapeaux étrangers; mais, si on l'isole, il disparoît. Enfin, il est clair que, sous le rapport militaire, les émigrés ne sont rien et ne peuvent rien.

Il y a de plus une considération qui se rapporte plus particulièrement à l'esprit de cet ouvrage, et qui mérite d'être développée.

Il n'y a point de hasard dans le monde, et même dans un sens secondaire il n'y a point de désordre, en ce que le désordre est ordonné par une main souveraine qui le plie à la règle, et le force de concourir au but.

Une révolution n'est qu'un mouvement politique qui doit produire un certain effet dans un certain temps. Ce mouvement a ses lois; et en les observant attentivement dans une certaine étendue de temps, on peut tirer des conjectures assez certaines pour l'avenir. Or, une des lois de la révolution française, c'est que les émigrés ne peuvent l'attaquer que pour leur malheur, et sont totalement exclus de l'œuvre quelconque qui s'opère.

Depuis les premières chimères de la contre-révolution jusqu'à l'entreprise à jamais lamentable de Quiberon, ils n'ont rien entrepris qui ait réussi, et même qui n'ait tourné contre eux. Non-seulement ils ne réussissent pas, mais tout ce qu'ils entreprennent est marqué d'un tel caractère d'impuissance et de nullité, que l'opinion s'est enfin accoutumée à les regarder comme des hommes qui s'obstinent à défendre un parti proscrit; ce qui jette sur eux une défaveur dont leurs amis même s'aperçoivent.

Et cette défaveur surprendra peu les hommes qui pensent que la révolution française a pour cause principale la dégradation morale de la noblesse.

M. de Saint-Pierre a observé quelque part, dans ses *Etudes de la Nature*, que si l'on compare la figure des nobles français à celle de leurs ancêtres, dont la peinture et la sculpture nous ont transmis les traits, on voit à l'évidence que ces races ont dégénéré.

On peut le croire sur ce point mieux que sur les fusions polaires et sur la figure de la terre.

Il y a dans chaque état un certain nombre de familles qu'on pourroit appeler *cosouveraines*, même dans les monarchies ; car la noblesse, dans ces gouvernemens, n'est qu'un prolongement de la souveraineté. Ces familles sont les dépositaires du feu sacré ; il s'éteint lorsqu'elles cessent d'être *vierges*.

C'est une question de savoir si ces familles, une fois éteintes, peuvent être parfaitement remplacées. Il ne faut pas croire au moins si l'on veut s'exprimer exactement, que les souverains puissent *anoblir*. Il y a des familles nouvelles qui s'élancent, pour ainsi dire, dans l'administration de l'état ; qui se tirent de l'égalité d'une manière frappante, et s'élèvent entre les autres comme des baliveaux vigoureux au milieu d'un taillis. Les souverains peuvent sanctionner ces anoblissemens naturels, c'est à quoi se borne leur puissance. S'ils contrarient un trop grand nombre de ces anoblissemens, ou s'ils se permettent d'en faire trop *de leur pleine puissance*, ils travaillent à la destruction de leurs états. La fausse noblesse étoit une des grandes plaies de la France : d'autres empires moins éclatans en sont fatigués et déshonorés, en attendant d'autres malheurs.

La philosophie moderne, qui aime tant parler de *hasard*, parle surtout du *hasard de la naissance;* c'est un de ses textes favoris : mais il n'y a pas plus de hasard sur ce point que sur d'autres : il y a des familles nobles comme il y a des familles souveraines. L'homme peut-il faire un souverain? Tout au plus il peut servir d'instrument pour déposséder un souverain, et livrer ses états à un autre souverain déjà prince (1). Du reste, il n'a jamais existé

---

(1) Et même la manière dont le pouvoir humain est employé dans ces circonstances, est toute propre à l'humilier. C'est ici surtout où l'on peut adresser à l'homme

de famille souveraine dont on puisse assigner l'origine plébéienne : si ce phénomène paroissoit, ce seroit une époque du monde (1).

Proportion gardée, il en est de la noblesse comme de la souveraineté. Sans entrer dans de plus grands détails, contentons-nous d'observer que si la noblesse abjure les dogmes nationaux, l'état est perdu (2).

---

ces paroles de Rousseau : *Montre-moi ta puissance, je te montrerai ta foiblesse.*

(1) On entend dire assez souvent que *si Richard Cromwel avoit eu le génie de son père, il eût rendu le protectorat héréditaire dans sa famille.* C'est fort bien dit !

(2) Un savant italien a fait une singulière remarque. Après avoir observé que la noblesse est gardienne naturelle et comme dépositaire de la religion nationale, et que ce caractère est plus frappant à mesure qu'on s'élève vers l'origine des nations et des choses, il ajoute : *Talchè dee esser un grand segno che vada a finire une nazione ove i nobili disprezzano la religione natia.* (Vico, Principi di Scienza nuova. Lib. II.)

Lorsque le sacerdoce est membre politique de l'état, et que ses hautes dignités sont occupées, en général, par la haute noblesse, il en résulte la plus forte et la plus durable de toutes les constitutions possibles. Ainsi, le philosophisme, qui est le dissolvant universel, vient de faire son chef-d'œuvre sur la monarchie française.

Le rôle joué par quelques nobles dans la révolution française, est mille fois, je ne dis pas plus *horrible*, mais plus *terrible* que tout ce qu'on a vu pendant cette révolution.

Il n'a pas existé de signe plus effrayant, plus décisif, de l'épouvantable jugement porté sur la monarchie française.

On demandera peut-être ce que ces fautes peuvent avoir de commun avec les émigrés qui les détestent. Je réponds que les individus qui composent les nations, les familles, et même les corps politiques, sont solidaires : c'est un fait. Je réponds, en second lieu, que les causes de ce que souffre la noblesse émigrée, sont bien antérieures à l'émigration. La différence que nous apercevons entre tels et tels nobles français, n'est, aux yeux de Dieu, qu'une différence de longitude et de latitude : ce n'est pas parce qu'on est ici ou là, qu'on est ce qu'on doit être; *et tous ceux qui disent : Seigneur ! Seigneur ! n'entreront pas dans le royaume.* Les hommes ne peuvent juger que par l'extérieur ; mais tel noble, à Coblentz, pouvoit avoir de plus grands reproches à se faire, que tel noble du côté gauche dans l'assemblée dite *constituante.* Enfin, la noblesse française ne doit s'en prendre qu'à elle-même de tous ses malheurs ; et lorsqu'elle en sera bien persuadée, elle aura fait un grand pas. Les exceptions, plus ou moins nombreuses, sont dignes des respects de l'univers ; mais on ne peut parler qu'en général. Aujourd'hui la noblesse malheureuse (qui ne peut souffrir qu'une éclipse) doit courber la tête et se résigner. Un jour elle doit embrasser de bonne grâce *des enfans qu'en son sein elle n'a point portés :* en attendant, elle ne doit plus faire d'efforts extérieurs ; peut-être même seroit-il à désirer qu'on ne l'eût jamais vue dans une attitude menaçante. En tout cas, l'émigration fut une erreur, et non un tort : le plus grand nombre croyoit obéir à l'honneur.

Numen abire jubet ; prohibent discedere leges.

Le Dieu devoit l'emporter.

Il y auroit bien d'autres réflexions à faire sur ce point ; tenons-nous-en au fait qui est évident. Les émigrés ne peuvent rien ; on peut même ajouter qu'ils ne sont rien ; car tous les jours le nombre en diminue, malgré le gouvernement, par une suite de cette loi invariable de la révolution française, qui veut que tout se fasse malgré les hommes, et contre toutes les probabilités. De longs malheurs ayant assoupli assouplit les émigrés, tous les jours ils se rapprochent de leurs concitoyens ; l'aigreur disparoît ; de part et d'autre on commence à se ressouvenir d'une patrie commune ; on se tend la main, et sur le champ de bataille même on reconnoît des frères. L'étrange amalgame que nous voyons depuis quelque temps n'a point de cause visible ; car ces lois sont les mêmes, mais il n'en est pas moins réel. Ainsi, il est constant que les émigrés ne sont rien par le nombre, qu'ils ne sont rien par la force, et que bientôt ils ne seront plus rien par la haine.

Quant aux passions plus robustes d'un petit nombre d'hommes, on peut négliger de s'en occuper.

Mais il est encore une réflexion importante que je ne dois point passer sous silence. On s'appuie de quelques discours imprudens, échappés à des hommes jeunes, inconsidérés ou aigris par le malheur, pour effrayer les Français sur le retour de ces hommes. J'accorde, pour mettre toutes les suppositions contre moi, que ces discours annoncent réellement des intentions bien arrêtées : croit-on que ceux qui les ont fussent en état de les exécuter après le rétablissement de la monarchie ? On se tromperoit fort. Au moment même où le gouverñement légitime se rétabliroit, ces hommes n'auroient plus de force que pour obéir. L'anarchie nécessite la vengeance ; l'ordre l'exclut sévèrement. Tel homme qui, dans ce moment, ne parle que de punir, se trouvera alors environné de circonstances qui le forceront à ne vouloir que ce que la loi veut; et, pour son intérêt même, il sera citoyen tranquille, et laissera la vengeance aux tribunaux. On se laisse toujours éblouir par le même sophisme : *Un parti a sévi lorsqu'il étoit dominateur ; donc le parti contraire sévira lorsqu'il dominera à son tour*. Rien n'est plus faux. En premier lieu, ce sophisme suppose qu'il y a de part et d'autre la même somme de vices ; ce qui n'est pas assurément. Sans insister beaucoup sur les vertus des royalistes, je suis sûr au moins d'avoir pour moi la conscience universelle, lorsque j'affirmerai simplement qu'il y en a moins du côté de la république. D'ailleurs, les préjugés seuls, séparés des vertus, assureroient la France qu'elle ne peut souffrir, de la part des royalistes, rien de semblable à ce qu'elle a éprouvé de leurs ennemis.

L'expérience a déjà préludé sur ce point pour tranquilliser les Français : ils ont vu, dans plus d'une occasion, que le parti qui avoit tout souffert de la part de ses ennemis, n'a pas su s'en venger lorsqu'il les a tenus en son pouvoir. Un petit nombre de vengeances, qui ont fait un si grand bruit, prouvent la même proposition ; car on a vu que le déni de justice le plus scandaleux a pu seul amener ces vengeances, et que personne ne se seroit fait justice, si le gouvernement avoit pu ou voulu la faire.

Il est, en outre, de la plus grande évidence que l'intérêt le plus pressant du Roi sera d'empêcher les vengeances. Ce n'est pas en sortant des maux de l'anarchie, qu'il voudra la ramener ; l'idée même de la violence le fera pâlir, et ce crime sera le seul qu'il ne se croira pas en droit de pardonner.

La France, d'ailleurs, est bien lasse de convulsions et d'horreurs, elle ne veut plus de sang ; et puisque l'opinion est assez forte dans ce moment pour comprimer le parti qui en voudroit, on peut juger de sa force à l'époque où elle aura le gouvernement pour elle. Après des maux aussi longs et aussi terribles, les Français se reposeront avec délices dans les bras de la monarchie. Toute atteinte contre cette tranquillité seroit véritablement un crime de *lèse-nation*, que les tribunaux n'auroient peut-être pas le temps de punir.

Ces raisons sont si convaincantes, que personne ne peut s'y méprendre : aussi il ne faut point être la dupe de ces écrits où nous voyons une philantropie hypocrite passer condamnation sur les horreurs de la révolution, et s'appuyer sur ces excès pour établir la nécessité d'en prévenir une seconde. Dans le fait, ils ne condamnent cette révolution que pour ne pas exciter contre eux le cri universel ; mais ils l'aiment, ils en aiment les auteurs et les résultats; et de tous les crimes qu'elle a enfantés, ils ne condamnent guère que ceux dont elle pouvoit se passer. Il n'est pas un de ces écrits où l'on ne trouve des preuves évidentes que les auteurs tiennent par inclination au parti qu'ils condamnent par pudeur.

Ainsi, les Français, toujours dupes, le sont dans cette occasion plus que jamais : ils ont peur pour eux en général, et ils n'ont rien à craindre ; et ils sacrifient leur bonheur pour contenter quelques misérables.

Que si les théories les plus évidentes ne peuvent convaincre les Français, et s'ils ne peuvent encore obtenir d'eux-mêmes de croire que la Providence est la gardienne de l'ordre, et qu'il n'est pas tout-à-fait égal d'agir contre elle ou avec elle, jugeons au moins de ce qu'elle fera par ce qu'elle a fait; et si le raisonnement glisse sur nos esprits, croyons au moins à l'histoire, qui est la politique expérimentale. L'Angleterre donna, dans le siècle dernier, à peu près le même spectacle que la France a donné dans le nôtre. Le fanatisme de la liberté, échauffé par celui de la religion, y pénétra les ames bien plus profondément qu'il ne l'a fait en France, où le culte de la liberté s'appuie sur le néant. Quelle différence, d'ailleurs, dans le caractère des deux nations, et dans celui des acteurs qui ont joué un rôle sur les deux scènes! Où sont, je ne dis pas les Hambem, mais les Cromwel de la France! Et cependant, malgré le fanatisme brûlant des républicains, malgré la fermeté réfléchie du caractère national, malgré les terreurs trop motivées des nombreux coupables, et surtout de l'armée, le rétablissement de la monarchie causa-t-il, en Angleterre, des déchiremens semblables à ceux qu'avoit enfantés une révolution régicide? Qu'on nous montre les vengeances atroces des royalistes. Quelques régicides périrent par l'autorité des lois; du reste, il n'y eut ni combats, ni vengeances particulières. Le retour du Roi ne fut marqué que par un cri de joie, qui retentit dans toute l'Angleterre; tous les ennemis s'embrassèrent. Le Roi, surpris de ce qu'il voyoit, s'écrioit avec attendrissement : *N'est-ce pas ma faute, si j'ai été repoussé si long-temps par un si bon peuple!* L'illustre Clarendon, témoin et historien intègre de ces grands évènemens, nous dit *qu'on ne savoit plus où étoit ce peuple qui avoit commis tant d'excès, et privé, pendant si long-temps, le Roi du bonheur de régner sur d'excellens sujets* (1).

C'est-à-dire que le *peuple* ne reconnoissoit plus le *peuple*. On ne sauroit mieux dire.

Mais ce grand changement, à quoi tenoit-il ? A rien, ou, pour mieux dire, à rien de visible : une année auparavant, personne ne le croyoit possible. On ne sait pas même s'il fut amené par un royaliste; car c'est un problème insoluble de savoir à quelle époque Monk commença de bonne foi à servir la monarchie.

Etoient-ce au moins les forces des royalistes qui en imposoient au parti contraire ? Nullement : Monk n'avoit que six mille hommes; les républicains en avoient cinq ou six fois davantage : ils occupoient tous les emplois, et ils possédoient militairement le royaume entier. Cependant Monk ne fut pas dans le cas de livrer

---

(1) Hume, tom. X, chap. LXXII, an. 1660.

un seul combat; tout se fit sans effort et comme par enchantement : il en sera de même en France. Le retour à l'ordre ne peut être douloureux, parce qu'il sera naturel, et parce qu'il sera favorisé par une force secrète, dont l'action est toute créatrice. On verra précisément le contraire de tout ce qu'on a vu. Au lieu de ces commotions violentes, de ces déchiremens douloureux, de ces oscillations perpétuelles et désespérantes, une certaine stabilité, un repos indéfinissable, un bien-aise universel, annonceront la présence de la souveraineté. Il n'y aura point de secousses, point de violences, point de supplices même, excepté ceux que la véritable nation approuvera : le crime même et les usurpations seront traités avec une sévérité mesurée, avec une justice calme qui n'appartient qu'au pouvoir légitime : le Roi touchera les plaies de l'état d'une main timide et paternelle. Enfin, c'est ici la grande vérité dont les Français ne sauroient trop se pénétrer : le rétablissement de la monarchie, qu'on appelle *contre-révolution*, ne sera point une *révolution contraire*, mais le *contraire de la révolution*.

CHAPITRE XI.

FRAGMENT D'UNE HISTOIRE DE LA RÉVOLUTION FRANÇAISE, PAR *DAVID HUME*.

Eadem mutata resurgo.

...... Le long parlement déclara, par un serment solennel, qu'il ne pouvoit être dissous, p. 181. Pour assurer sa puissance, il ne cessoit d'agir sur l'esprit du peuple : tantôt il échauffoit les esprits par des adresses artificieuses, p. 176; et tantôt il se faisoit envoyer, de toutes les parties du royaume, des pétitions dans le sens de la révolution, p. 133. L'abus de la presse étoit porté au comble : des clubs nombreux produisoient de toutes parts des tumultes bruyans : le fanatisme avoit sa langue particulière; c'étoit un jargon nouveau, inventé par la fureur et l'hypocrisie du temps,

---

(1) Je cite l'édition anglaise de Bâle, 12 vol. in-8.°, chez Legrand, 1789.

p. 131. La manie universelle étoit d'invectiver contre les anciens abus, p. 129. Toutes les anciennes institutions furent renversées l'une après l'autre, p. 125, 188. Le bill de *Self-deniance* et le *New-model* désorganisèrent absolument l'armée, et lui donnèrent une nouvelle forme et une nouvelle composition, qui forcèrent une foule d'anciens officiers à renvoyer leurs commissions, pag. 13. Tous les crimes étoient mis sur le compte des royalistes, p. 148 : et l'art de tromper le peuple et de l'effrayer, fut porté au point, qu'on parvint à lui faire croire que les royalistes avoient miné la Tamise, p. 177. Point de Roi ! point de noblesse ! égalité universelle ! c'étoit le cri général, p. 87. Mais au milieu de l'effervescence populaire, on distinguoit la secte exagérée des *Indépendans*, qui finit par enchaîner le long parlement, p. 374.

Contre un tel orage, la bonté du Roi étoit inutile ; les concessions mêmes faites à son peuple étoient calomniées comme faites sans bonne foi, p. 186.

C'étoit par ces préliminaires que les rebelles avoient préparé la perte de Charles I.er ; mais un simple assassinat n'eût point rempli leurs vues ; ce crime n'auroit pas été national ; la honte et le danger ne seroient tombés que sur les meurtriers. Il falloit donc imaginer un autre plan; il falloit étonner l'univers par une procédure inouïe, se parer des dehors de la justice, et couvrir la cruauté par l'audace; il falloit, en un mot, en fanatisant le peuple par les notions d'une égalité parfaite, s'assurer l'obéissance du grand nombre, et former insensiblement une coalition générale contre la royauté, tom. X, p. 91.

L'anéantissement de la monarchie fut le préliminaire de la mort du Roi. Ce prince fut détrôné de fait, et la constitution anglaise fut renversée (en 1648) par le bill de *non-adresse*, qui le sépara de la constitution.

Bientôt les calomnies les plus atroces et les plus ridicules furent répandues sur le compte du Roi, pour tuer ce respect qui est la sauvegarde des trônes. Les rebelles n'oublièrent rien pour noircir sa réputation; ils l'accusèrent d'avoir livré des places aux ennemis de l'Angleterre, d'avoir fait couler le sang de ses sujets. C'est par la calomnie qu'ils se préparoient à la violence, p. 94.

Pendant la prison du Roi au château de Carisborne, les usurpateurs du pouvoir s'appliquèrent à accumuler sur la tête de ce malheureux prince tous les genres de dureté. On le priva de ses serviteurs ; on ne lui permit point de communiquer avec ses amis : aucune société, aucune distraction ne lui étoient permises pour adoucir la mélancolie de ses pensées. Il s'attendoit d'être, à tout instant, assassiné ou empoisonné (1) ; car l'idée d'un jugement n'entroit point dans sa pensée, p. 59 et 95.

Pendant que le Roi souffroit cruellement dans sa prison, le parlement faisoit publier qu'il s'y trouvoit fort bien, et qu'il étoit de fort bonne humeur, *ibid*. (2).

La grande source dont le Roi tiroit toutes ses consolations, au milieu des calamités qui l'accabloient, étoit sans doute la religion. Ce prince n'avoit chez lui rien de dur ni d'austère ; rien qui lui inspirât du ressentiment contre ses ennemis, ou qui pût l'alarmer sur l'avenir. Tandis que tout portoit autour de lui un aspect hostile ; tandis que sa famille,

---

(1) C'étoit aussi l'opinion de Louis XVI. Voyez son Eloge historique.

(2) On se souvient d'avoir lu, dans le journal de Condorcet, un morceau sur le bon appétit du Roi à son retour de Varennes.

ses parens, ses amis étoient éloignés de lui ou dans l'impuissance de lui être utiles, il se jetoit avec confiance dans les bras du grand Etre, dont la puissance pénètre et soutient l'univers, et dont les châtimens, reçus avec piété et résignation, paroissoient au Roi les gages les plus certains d'une récompense infinie, p. 95 et 96.

Les gens de loi se conduisirent mal dans cette circonstance. Bradshaw, qui étoit de cette profession, ne rougit pas de présider le tribunal qui condamna le Roi; et Coke se rendit partie publique pour le peuple, p. 123. Le tribunal fut composé d'officiers de l'armée révoltée, de membres de la chambre basse, et de bourgeois de Londres; presque tous étoient de basse extraction, p. 123.

Charles ne doutoit pas de sa mort; il savoit qu'un Roi est rarement détrôné sans périr; mais il croyoit plutôt à un meurtre qu'à un jugement solennel, p. 122.

Dans sa prison il étoit déjà détrôné : on avoit écarté de lui toute la pompe de son rang, et les personnes qui l'approchoient avoient reçu ordre de le traiter sans aucune marque de respect, p. 122. Bientôt il s'habitua à supporter les familiarités et même l'insolence de ces hommes, comme il avoit supporté ses autres malheurs, p. 123.

Les juges du Roi s'intituloient les *représentans du peuple*, p. 124. Du peuple.... principe unique de tout pouvoir légitime, p. 127, et l'acte d'accusation portoit : *Qu'abusant du pouvoir limité qui lui avoit été confié, il avoit tâché traîtreusement et malicieusement d'élever un pouvoir illimité et tyrannique sur les ruines de la liberté.*

Après la lecture de l'acte, le président dit au Roi *qu'il pouvoit parler*. Charles montra dans ses réponses beaucoup de présence d'esprit et de force d'ame, 125. Et tout le monde est d'accord que sa conduite, dans cette dernière scène de sa vie, honore sa mémoire, p. 127. Ferme et intrépide, il mit dans toutes ses réponses la plus grande clarté et la plus grande justesse de pensée et d'expression, p. 128. Toujours doux, toujours égal, le pouvoir injuste qu'on exerçoit sur lui ne put le faire sortir des bornes de la modération. Son ame, sans effort et sans affectation, sembloit être dans son assiette ordinaire, et contempler avec mépris les efforts de l'injustice et de la méchanceté des hommes, p. 128.

Le peuple, en général, demeura dans ce

silence qui est le résultat des grandes passions comprimées ; mais les soldats, travaillés par tous les genres de séductions, parvinrent enfin jusqu'à une espèce de rage, et regardoient comme un titre de gloire le crime affreux dont ils se souilloient, p. 130.

On accorda trois jours de sursis au Roi; il passa ce temps tranquillement, et l'employa en grande partie à la lecture et à des exercices de piété : il lui fut permis de voir sa famille, qui reçut de lui d'excellens avis et de grandes marques de tendresse, p. 130. Il dormit paisiblement, à son ordinaire, pendant les nuits qui précédèrent son supplice. Le matin du jour fatal, il se leva de très-bonne heure, et donna des soins particuliers à son habillement. Un ministre de la religion, qui possédoit ce caractère doux et ces vertus solides qui distinguoient le Roi, l'assista dans ses derniers momens, p. 132.

L'échafaud fut placé, à dessein, en face du palais, pour montrer d'une manière plus frappante la victoire remportée par la justice du peuple sur la majesté royale. Lorsque le Roi fut monté sur l'échafaud, il le trouva environné d'une force armée si considérable qu'il ne put se flatter d'être entendu par le peuple, de manière qu'il fut obligé d'adresser ses dernières paroles au petit nombre de personnes qui se trouvoient auprès de lui. Il pardonna à ses ennemis; il n'accusa personne ; il fit des vœux pour son peuple. SIRE, lui dit le prélat qui l'assistoit, *encore un pas ! Il est difficile, mais il est court, et il doit vous conduire au Ciel.* — *Je vais*, répondit le Roi, *changer une couronne périssable contre une couronne incorruptible et un bonheur inaltérable.*

Un seul coup sépara la tête du corps. Le bourreau la montra au peuple, toute dégouttante de sang , et en criant à haute voix : *Voilà la tête d'un traître !* p. 132 et 133.

Ce prince mérita plutôt le titre de *bon* que celui de *grand*. Quelquefois il nuisit aux affaires en déférant mal à propos à l'avis des personnes d'une capacité inférieure à la sienne. Il étoit plus propre à conduire un gouvernement régulier et paisible, qu'à éluder ou repousser les assauts d'une assemblée populaire, pag. 136; mais, s'il n'eut pas le courage d'agir, il eut toujours celui de souffrir. Il naquit, pour son malheur, dans des temps difficiles ; et, s'il n'eut point assez d'habileté pour se tirer d'une position aussi embarrassante, il est aisé de l'excuser, puisque même après l'évènement, où il est communément aisé d'apercevoir toutes les erreurs, c'est encore un grand problème de savoir ce qu'il auroit dû faire, pag. 137. Exposé sans secours au choc des passions les plus haineuses et les plus implacables, il ne lui fût jamais possible de commettre la moindre erreur sans attirer sur lui les plus fatales conséquences; position dont la difficulté passe les forces du plus grand talent, p. 137.

On a voulu jeter des doutes sur sa bonne foi; mais l'examen le plus scrupuleux de sa conduite, qui est aujourd'hui parfaitement connue, réfute pleinement cette accusation; au contraire, si l'on considère les circonstances excessivement épineuses dont il se vit entouré; si l'on compare sa conduite à ses déclarations, on sera forcé d'avouer que l'honneur et la probité formoient la partie la plus saillante de son caractère, p. 137.

La mort du Roi mit le sceau à la destruction de la monarchie. Elle fut anéantie par un décret exprès du corps législatif. On grava un sceau national avec la légende : L'AN PREMIER DE LA LIBERTÉ. Toutes les formes changèrent, et le nom du Roi disparut de toutes parts devant ceux des représentans du peuple, p. 142.

Le

Le *Banc du Roi* s'appela le *Banc national*. La statue du Roi élevée à la Bourse fut renversée; et l'on grava ces mots sur le piédestal : Exiit tyrannus Regum ultimus, pag. 143.

Charles, en mourant, laissa à ses peuples une image de lui-même (ΕΙΚΩΝ ΒΑΣΙΛΙΚΗ) dans cet écrit fameux, chef-d'œuvre d'élégance, de candeur et de simplicité. Cette pièce, qui ne respire que la piété, la douceur et l'humanité, fit une impression profonde sur les esprits. Plusieurs sont allés jusqu'à croire que c'est à elle qu'il falloit attribuer le rétablissement de la monarchie, pag. 146.

Il est rare que le peuple gagne quelque chose aux révolutions qui changent la forme des gouvernemens, par la raison que le nouvel établissement, nécessairement jaloux et défiant, a besoin, pour se soutenir, de plus de défense et de sévérité que l'ancien, pag. 100.

Jamais la vérité de cette observation ne s'étoit fait sentir plus vivement que dans cette occasion. Les déclamations contre quelques abus dans l'administration de la justice et des finances, avoient soulevé le peuple ; et, pour prix de la victoire qu'il obtint sur la monarchie, il se trouva chargé d'une foule d'impôts inconnus jusqu'à cette époque. A peine le gouvernement daignoit-il se parer d'une ombre de justice et de liberté. Tous les emplois furent confiés à la plus abjecte populace, qui se trouvoit ainsi élevée au dessus de tout ce qu'elle avoit respecté jusqu'alors. Des hypocrites se livroient à tous les genres d'injustices sous le masque de la religion, pag. 100. Ils exigeoient des emprunts forcés et exorbitans de tous ceux qu'ils déclaroient suspects. Jamais l'Angleterre n'avoit vu de gouvernement aussi dur et aussi arbitraire que celui de ces patrons de la liberté, pag. 112, 113.

Le premier acte du long parlement avoit été un serment, par lequel il déclara qu'il ne pouvoit être dissous, pag. 181.

La confusion générale qui suivit la mort du Roi, ne résultoit pas moins de l'esprit d'innovation, qui étoit la maladie du jour, que de la destruction des anciens pouvoirs. Chacun vouloit faire sa république ; chacun avoit ses plans, qu'il vouloit faire adopter à ses concitoyens par force ou par persuasion : mais ces plans n'étoient que des chimères étrangères à l'expérience, et qui ne se recommandoient à la foule que par le jargon à la mode et l'éloquence populacière, pag. 147. Les *égaliseurs* rejetoient toute espèce de dépendance et de subordination (1). Une secte particulière attendoit le règne de mille ans (2) ; les *antinomiens* soutenoient que les obligations de la morale et de la loi naturelle étoient suspendues. Un parti considérable prêchoit contre les dîmes et les abus du sacerdoce : ils prétendoient que l'état ne devoit protéger ni solder aucun culte, laissant à chacun la liberté de payer celui qui lui conviendroit le mieux. Du reste, toutes les religions étoient tolérées, excepté la catholique. Un autre parti invectivoit contre la jurisprudence du pays, et contre les maîtres qui l'enseignoient ; et sous le prétexte de simplifier l'administration de la justice, il proposoit de renverser tout le système de la législation anglaise, comme trop liée au gouvernement monarchique, pag. 148. Les républicains ardens abolirent les noms de baptême pour leur substituer des noms ex-

---

(1) *Nous voulons un gouvernement...... où les distinctions ne naissent que de l'égalité même ; où le citoyen soit soumis au magistrat, le magistrat au peuple et le peuple à la justice.* Robespierre. Voyez le Moniteur du 7 février 1794.

(2) Il ne faut point passer légèrement sur ce trait de conformité.

travagans, analogues à l'esprit de la révolution, pag. 242. Ils décidèrent que le mariage n'étant qu'un simple contrat, devoit être célébré pardevant les magistrats civils, pag. 242. Enfin, c'est une tradition en Angleterre, qu'ils poussèrent le fanatisme au point de supprimer le mot *royaume* dans l'Oraison dominicale, disant : *Que votre république arrive.* Quant à l'idée d'une *propagande* à l'imitation de celle de Rome, elle appartient à Cromwel, pag. 285.

Les républicains moins fanatiques ne se mettoient pas moins au dessus de toutes les lois, de toutes les promesses, de tous les sermens. Tous les liens de la société étoient relâchés, et les passions les plus dangereuses s'envenimoient davantage, en s'appuyant sur des maximes spéculatives encore plus antisociales, pag. 148.

Les royalistes, privés de leurs propriétés et chassés de tous les emplois, voyoient avec horreur leurs ignobles ennemis qui les écrasoient de leur puissance : ils conservoient, par principe et par sentiment, la plus tendre affection pour la famille de l'infortuné souverain, dont ils ne cessoient d'honorer la mémoire, et de déplorer la fin tragique.

D'un autre côté, les presbytériens, fondateurs de la république, dont l'influence avoit fait valoir les armes du long parlement, étoient indignés de voir que le pouvoir leur échappoit, et que, par la trahison ou l'adresse supérieure de leurs propres associés, ils perdoient tout le fruit de leurs travaux passés. Ce mécontentement les poussoit vers le parti royaliste, mais sans pouvoir encore les décider : il leur restoit de grands préjugés à vaincre; il falloit passer sur bien des craintes, sur bien des jalousies, avant qu'il leur fût possible de s'occuper sincèrement de la restauration d'une famille qu'ils avoient si cruellement offensée.

Après avoir assassiné leur Roi avec tant de formes apparentes de justice et de solennité, mais dans le fait avec tant de violence et même de rage, ces hommes pensèrent à se donner une forme régulière de gouvernement: ils établirent un grand comité ou conseil d'état, qui étoit revêtu du pouvoir exécutif. Ce conseil commandoit aux forces de terre et de mer : il recevoit toutes les adresses, faisoit exécuter les lois, et préparoit toutes les affaires qui devoient être soumises au parlement, pag. 150, 151. L'administration étoit divisée entre plusieurs comités qui s'étoient emparés de tout, pag. 134, et ne rendirent jamais de compte, pag. 166, 167.

Quoique les usurpateurs du pouvoir, par leur caractère et par la nature des instrumens qu'ils employoient, fussent bien plus propres aux entreprises vigoureuses qu'aux méditations de la législature, pag. 209, cependant l'assemblée en corps avoit l'air de ne s'occuper que de la législation du pays. A l'en croire, elle travailloit à un nouveau plan de représentation, et dès qu'elle auroit achevé la constitution, elle ne tarderoit pas de rendre au peuple le pouvoir dont il étoit la source, p. 151.

En attendant, les représentans du peuple jugèrent à propos d'étendre les lois de haute trahison fort au delà des bornes fixées par l'ancien gouvernement. De simples discours, des intentions même, quoiqu'elles ne se fussent manifestées par aucun acte extérieur, portèrent le nom de *conspiration*. Affirmer que le gouvernement actuel n'étoit pas légitime ; soutenir que l'assemblée des représentans ou le comité exerçoit un pouvoir tyrannique ou illégal ; chercher à renverser leur autorité, ou exciter contre eux quelque mouvement séditieux, c'étoit se rendre coupable de haute trahison. Ce pouvoir d'emprisonner dont on avoit privé le Roi, on jugea nécessaire d'en investir le comité, et toutes les prisons d'Angleterre furent remplies d'hommes que les passions du parti dominant présentoient comme suspects, p. 163.

C'étoit une grande jouissance pour les nouveaux maîtres de dépouiller les seigneurs de leurs noms de terre; et lorsque le brave Montrose fut exécuté en Ecosse, ses juges ne manquèrent pas de l'appeler *Jacques Graham*, p. 180.

Outre les impositions inconnues jusqu'alors et continuées sévèrement, on levoit sur le peuple quatre-vingt-dix mille livres sterlings par mois, pour l'entretien des armées. Les sommes immenses que les usurpateurs du pouvoir tiroient des biens de la couronne, de ceux du clergé et des royalistes, ne suffisoient pas aux dépenses énormes, ou, comme on le disoit aux *déprédations* du parlement et de ses créatures, p. 163, 164.

Les palais du Roi furent pillés, et son mobilier fut mis à l'encan; ses tableaux, vendus à vil prix, enrichirent toutes les collections de l'Europe; des porte-feuilles qui avoient coûté 50,000 guinées, furent donnés pour 300, p. 388.

Les prétendus représentans du peuple n'avoient, dans le fond, aucune popularité. Incapables de pensées élevées et de grandes conceptions, rien n'étoit moins fait pour eux que le rôle de législateurs. Egoïste et hypocrites, ils avançoient si lentement dans le grand œuvre de la constitution, que la nation commença à craindre que leur intention ne fût de se perpétuer dans leurs places, et de partager le pouvoir entre soixante ou soixante-dix personnes, qui s'intituloient *les représentans de la république anglaise*. Tout en se vantant de rétablir la nation dans ses droits, ils violoient les plus précieux de ces droits dont ils avoient joui de temps immémorial : ils n'osoient confier leurs jugemens de conspiration à des tribunaux réguliers, qui auroient mal servi leurs vues : ils établirent donc un tribunal extraordinaire, qui recevoit les actes d'accusation portés par le comité, p. 206, 207. Ce tribunal étoit composé d'hommes dévoués au parti dominant, sans nom, sans caractère, et capable de tout sacrifier à leur sûreté et à leur ambition.

Quant aux royalistes pris les armes à la main, un conseil militaire les envoyoit à la mort, p. 207.

La faction qui s'étoit emparée du pouvoir disposoit d'une puissante armée ; c'étoit assez pour cette faction, quoiqu'elle ne formât que la très-petite minorité de la nation, p. 149. Telle est la force d'un gouvernement quelconque une fois établi, que cette république, quoique fondée sur l'usurpation la plus inique et la plus contraire aux intérêts du peuple, avoit cependant la force de lever, dans toutes les provinces, des soldats nationaux, qui venoient se mêler aux troupes de ligne pour combattre de toutes leurs forces le parti du Roi, p. 199. La garde nationale de Londres se battit à Newburg aussi bien que les vieilles bandes (en 1643). Les officiers prêchoient leurs soldats, et les nouveaux républicains marchoient au combat en chantant des hymnes fanatiques, p. 13.

Une armée nombreuse avoit le double effet de maintenir dans l'intérieur une autorité despotique, et de frapper de terreur les nations étrangères. Les mêmes mains réunissoient la force des armes et la puissance financière. Les dissensions civiles avoient exalté le génie militaire de la nation. Le renversement universel, produit par la révolution, permettoit à des hommes nés dans les dernières classes de la société, de s'élever à des commandemens militaires dignes de leur courage et de leurs talens, mais dont l'obscurité de leur naissance les auroit écartés dans un autre ordre de choses, p. 209. On vit un homme, âgé de cinquante ans (Blake), passer subitement du service de terre à celui de mer, et s'y distinguer de la manière la plus brillante, p. 210. Au milieu des scènes, tantôt ridicules et tantôt déplorables, que donnoit le gouvernement civil, la force militaire étoit conduite avec beaucoup de vigueur, d'ensemble et d'intelligence, et jamais l'Angleterre ne s'étoit montrée si redoutable aux yeux des puissances étrangères, p. 248.

Un gouvernement entièrement militaire et despotique est presque sûr de tomber, au bout de quelque temps, dans un état de langueur et d'impuissance ; mais, lorsqu'il succède immédiatement à un gouvernement légitime, il peut, dans les premiers momens, déployer une force surprenante, parce qu'il emploie avec violence les moyens accumulés par la douceur. C'est le spectacle que présenta l'Angleterre à cette époque. Le caractère doux et pacifique de ses deux derniers Rois, l'embarras des finances, et la sécurité parfaite où elle se trouvoit à l'égard de ses voisins, l'avoient rendue inattentive sur la politique extérieure ; en sorte que l'Angleterre avoit, en quelque manière, perdu le rang qui lui appartenoit dans le système général de l'Europe ; mais le gouvernement républicain le lui rendit subitement, p. 263. Quoique la révolution eût coûté des flots de sang à l'Angleterre, jamais elle ne parut si formidable à ses voisins, p. 209, et à toutes nations étrangères, p. 248. Jamais, durant les règnes des plus justes et des plus braves de ses Rois, son poids dans la balance politique ne fut senti aussi vivement que sous l'empire des plus violens et des plus odieux usurpateurs, p. 263.

Le parlement, enorgueilli par ses succès, pensoit que rien ne pouvoit résister à l'effort de ses armes, il traitoit avec la plus grande hauteur les puissances du second ordre ; et pour des offenses réelles ou prétendues, il déclaroit la guerre, ou exigeoit des satisfactions solennelles, p. 221.

Ce fameux parlement, qui avoit rempli l'Europe du bruit de ses crimes et de ses succès, se vit cependant enchaîné par un seul homme, p. 128 ; et les nations étrangères ne pouvoient s'expliquer à elles-mêmes comment un peuple si turbulent, si impétueux, qui, pour reconquérir ce qu'il appeloit *ses droits usurpés*, avoit détrôné et assassiné un excellent prince, issu d'une longue suite de Rois; comment, dis-je, ce peuple étoit devenu l'esclave d'un homme naguères inconnu de la nation, et dont le nom étoit à peine prononcé dans la sphère obscure où il étoit né, p. 236 (1).

Mais cette même tyrannie, qui opprimoit l'Angleterre au dedans, lui donnoit au dehors une considération dont elle n'avoit pas joui depuis l'avant-dernier règne. Le peuple anglais sembloit s'ennoblir par ses succès extérieurs, à mesure qu'il s'avilissoit chez lui par le joug qu'il supportoit; et la vanité nationale, flattée par le rôle imposant que l'Angleterre jouoit au dehors, souffroit moins impatiemment les cruautés et les outrages qu'elle se voyoit forcée de dévorer, p. 280, 281.

―――――――――――――――

(1) Les hommes qui régloient alors les affaires étoient si étrangers aux talens de la législation, qu'on les vit fabriquer en quatre jours l'acte constitutionnel qui plaça Cromwel à la tête de la république. *Ibid.*, pag. 245.

On peut se rappeler à ce sujet cette constitution de 1793, *faite en quelques jours par quelques jeunes gens*, comme on l'a dit à Paris après la chute des ouvriers.

Il semble à propos de jeter un coup-d'œil, sur l'état général de l'Europe à cette époque, et de considérer les relations de l'Angleterre, et sa conduite envers les puissances voisines, p. 262.

Richelieu étoit alors premier ministre de France. Ce fut lui qui, par ses émissaires, attisa en Angleterre le feu de la rébellion. Ensuite, lorsque la cour de France vit que les matériaux de l'incendie étoient suffisamment combustibles, et qu'il avoit fait de grands progrès, elle ne jugea plus convenable d'animer les Anglais contre leur souverain; au contraire, elle offrit sa médiation entre le prince et ses sujets, et soutint avec la famille royale exilée les relations diplomatiques prescrites par la décence, p. 264.

Dans le fond, cependant, Charles ne trouva aucune assistance à Paris, et même on n'y fut pas prodigue de civilités à son égard, p. 170, 266.

On vit la reine d'Angleterre, fille de Henri IV, tenir le lit à Paris, au milieu de ses parens, faute de bois pour se chauffer, p. 266.

Enfin, le Roi jugea à propos de quitter la France, pour s'éviter l'humiliation d'en recevoir l'ordre, p. 267.

L'Espagne fut la première puissance qui reconnut la république, quoique la famille royale fût parente de celle d'Angleterre. Elle envoya un ambassadeur à Londres, et en reçut un du parlement, pag. 268.

La Suède étant alors au plus haut point de sa grandeur, la nouvelle république rechercha son alliance et l'obtint, pag. 263.

Le roi de Portugal avoit osé fermer ses ports à l'amiral républicain; mais bientôt effrayé par ses pertes et par les dangers terribles d'une lutte trop inégale, il fit toutes les soumissions imaginables à la fière république, qui voulut bien renouer l'ancienne alliance de l'Angleterre et du Portugal.

En Hollande, on aimoit le Roi, d'autant plus qu'il étoit parent de la maison d'Orange, extrêmement chérie du peuple hollandais. On plaignoit d'ailleurs ce malheureux prince, autant qu'on abhorroit les meurtriers de son père. Cependant la présence de Charles qui étoit venu chercher un asile en Hollande, fatiguoit les états-généraux, qui craignoient de se compromettre avec ce parlement si redoutable par son pouvoir, et si heureux dans ses entreprises. Il y avoit tant de danger à blesser des hommes si hautains, si violens, si précipités dans leurs résolutions, que le gouvernement crut nécessaire de donner une preuve de déférence à la république, en écartant le Roi, pag. 169.

On vit Mazarin employer toutes les ressources de son génie souple et intrigant, pour captiver l'usurpateur, dont les mains dégouttoient encore du sang d'un Roi, proche parent de la famille royale de France. On le vit écrire à Cromwvel: *Je regrette que les affaires m'empêchent d'aller en Angleterre présenter mes respects en personne au plus grand homme du monde*, pag. 307.

On vit ce même Cromwel traiter d'égal à égal avec le Roi de France, et placer son nom avant celui de Louis XIV, dans la copie d'un traité entre les deux nations, qui fut envoyée en Angleterre, pag. 268 (note).

Enfin, on vit le prince palatin accepter un emploi ridicule et une pension de huit mille livres sterlings, de ces mêmes hommes qui avoient égorgé son oncle, pag. 263 (note).

Tel étoit l'ascendant de la république à l'extérieur.

Au dedans d'elle-même, l'Angleterre renfermoit un grand nombre de personnes qui se faisoient un principe de s'attacher au pouvoir du moment, et de soutenir le gouvernement établi, quel qu'il fût, pag. 239. A la tête de ce système étoit l'illustre et vertueux Blake, qui disoit à ses marins : *Notre devoir invariable est de nous battre pour notre patrie, sans nous embarrasser en quelles mains réside le gouvernement*, pag. 279.

Contre un ordre de choses aussi bien établi, les royalistes ne firent que de fausses entreprises qui tournèrent contre eux. Le gouvernement avoit des espions de tous côtés, et il n'étoit pas fort difficile d'éventer les projets d'un parti plus distingué par son zèle et sa fidélité, que par sa prudence et par sa discrétion, pag. 259. Une des grandes erreurs des royalistes étoit de croire que tous les ennemis du gouvernement étoient de leur parti : ils ne voyoient pas que les premiers révolutionnaires, dépouillés du pouvoir par une faction nouvelle, n'avoient pas d'autre cause de mécontentement, et qu'ils étoient encore moins éloignés du pouvoir actuel que de la monarchie, dont le rétablissement les menaçoit des plus terribles vengeances, pag. 259.

La situation de ces malheureux, en Angleterre, étoit déplorable. On ne demandoit pas mieux à Londres que ces conspirations imprudentes,

dentes, qui justifioient les mesures les plus tyranniques, p. 260. Les royalistes furent emprisonnés : on prit la dixième partie de leurs biens pour indemniser la république des frais que lui coûtoient les attaques hostiles de ses ennemis. Ils ne pouvoient se racheter que par des sommes considérables ; un grand nombre fut réduit à la dernière misère. Il suffisoit d'être suspect pour être écrasé par toutes ces exactions, p. 260, 261.

Plus de la moitié des biens, meubles et immeubles, rentes et revenus du royaume, étoit séquestrée. On étoit touché de la ruine et de la désolation d'une foule de familles anciennes et honorables, ruinées pour avoir fait leur devoir, p. 66, 67. L'état du clergé n'étoit pas moins déplorable: plus de la moitié de ce corps étoit réduit à la mendicité, sans autre crime que son attachement aux principes civils et religieux garantis par les lois sous l'empire desquelles ils avoient choisi leur état, et par le refus d'un serment qu'ils avoient en horreur, p. 67.

Le Roi, qui connoissoit l'état des choses et des esprits, avertissoit les royalistes de se tenir en repos, et de cacher leurs véritables sentimens sous le masque républicain, p. 254.

Pour lui, pauvre et négligé, il erroit en Europe, changeant d'asile suivant les circonstances, et se consolant de ses calamités présentes par l'espoir d'un meilleur avenir, p. 152.

Mais la cause de ce malheureux Monarque paroissoit à l'univers entier absolument désespérée, p. 341, d'autant plus que, pour sceller ses malheurs, toutes les communes d'Angleterre venoient de signer, sans hésiter, l'engagement solennel de maintenir la forme actuelle du gouvernement, p. 325 (1). Ses amis avoient été malheureux dans toutes les entreprises qu'ils avoient essayées pour son service, *ibid.* Le sang des plus ardens royalistes avoit coulé sur l'échafaud; d'autres, en plus grand nombre, avoient perdu leur courage dans les prisons ; tous étoient ruinés par les confiscations, les amendes et les impôts extraordinaires. Personne n'osoit s'avouer royaliste ; et ce parti paroissoit si peu nombreux aux yeux superficiels, que si jamais la nation étoit libre dans son choix (ce qui ne paroissoit pas du tout probable), il paroissoit très-douteux de savoir quelle forme de gouvernement elle se donne-

---

(1) En 1659, une année avant la restauration !!! Je m'incline devant la volonté du peuple.

roit, p. 342. Mais au milieu de ces apparences sinistres, *la fortune* (1), par un retour extraordinaire, aplanissoit au Roi le chemin du trône, et le ramenoit en paix et en triomphe au rang de ses ancêtres, p. 342.

Lorsque Monk commença à mettre ses grands projets en exécution, la nation étoit tombée dans une anarchie complète. Ce général n'avoit que six mille hommes, et les forces qu'on pouvoit lui opposer étoient cinq fois plus fortes. Dans sa route à Londres, l'élite des habitans de chaque province accouroit sur ses pas, et le prioit de vouloir bien être l'instrument qui rendroit à la nation la paix, la tranquillité et la jouissance de ces franchises qui appartenoient aux Anglais par droit de naissance, et dont ils avoient été privés si long-temps par des circonstances malheureuses, p. 352. On attendoit surtout de lui la convocation légale d'un nouveau parlement, p. 353. Les excès de la tyrannie et ceux de l'anarchie, le souvenir du passé, la crainte de l'avenir, l'indignation contre les excès du pouvoir militaire, tous ces sentimens réunis avoient rapproché les partis et formé une coalition

---

(1) Sans doute !

tacite entre les royalistes et les presbytériens. Ceux-ci convenoient qu'ils avoient été trop loin, et les leçons de l'expérience les réunissoient enfin au reste de l'Angleterre pour désirer un Roi, seul remède à tant de maux, p. 333, 353 (1).

Monk n'avoit point cependant encore l'intention de répondre au vœu de ses concitoyens, p. 353. Ce sera même toujours un problème de savoir à quelle époque il voulut un Roi de bonne foi, page 345. Lorsqu'il fut arrivé à Londres, il se félicita, dans son discours au parlement, d'avoir été choisi par la Providence pour la restauration de ce corps, p. 354. Il ajouta que c'était au parlement actuel qu'il appartenoit de prononcer sur la nécessité d'une nouvelle convocation, et que s'il se rendoit aux vœux de la nation sur ce point important, il suffiroit, pour la sûreté publique, d'exclure de la nouvelle assemblée les fanatiques et les royalistes, deux espèces d'hommes faites pour détruire le gouvernement ou la liberté, p. 355.

---

(1) En 1659. Quatre ans plus tôt, les royalistes, suivant ce même historien, se trompoient lourdement, lorsqu'ils s'imaginoient que les ennemis du gouvernement étoient les amis du Roi. Voyez ci-devant, pag. 242.

Il servit même le long parlement dans une mesure violente, p. 356. Mais, dès qu'il se fut enfin décidé pour une nouvelle convocation, tout le royaume fut transporté de joie. Les royalistes et les presbytériens s'embrassoient et se réunissoient pour maudire leurs tyrans, p. 358. Il ne restoit à ceux-ci que quelques hommes désespérés, p. 353 (1).

Les républicains décidés et surtout les juges du Roi ne s'oublièrent pas dans cette occasion. Par eux ou par leurs émissaires, ils représentoient aux soldats que tous les actes de bravoure qui les avoient illustrés aux yeux du parlement, seroient des crimes à ceux des royalistes, dont les vengeances n'auroient point de bornes; qu'il ne falloit pas croire à toutes les protestations d'oubli et de clémence; que l'exécution du Roi, celle de tant de nobles, et l'emprisonnement du reste, étoient des crimes impardonnables aux yeux des royalistes, p. 366.

Mais l'accord de tous les partis formoit un de ces torrens populaires que rien ne peut

---

(1) En 1660; mais en 1655, *ils craignoient bien plus le rétablissement de la monarchie, qu'ils ne haïssoient le gouvernement établi*, p. 259.

arrêter. Les fanatiques mêmes étoient désarmés; et, suspendus entre le désespoir et l'étonnement, ils laissoient faire ce qu'ils ne pouvoient empêcher, p. 363. La nation vouloit *avec une ardeur* infinie, quoiqu'en silence, le rétablissement de la monarchie, ibid. (1). Les républicains, *qui se trouvoient encore à cette époque maîtres du royaume* (2), voulurent alors parler de *conditions* et rappeler d'anciennes propositions; mais l'opinion publique réprouvoit ces capitulations avec le souverain. L'idée seule de négociations et de délais effrayoit des hommes harrassés par tant de souffrances. D'ailleurs, l'enthousiasme de la liberté, porté au dernier excès, avoit fait place, par un mouvement naturel, à un esprit général de loyauté et de subordination. Après les concessions faites à la nation par le feu Roi, la constitution anglaise paroissoit suffisament consolidée, p. 364.

---

(1) Mais l'année précédente, LE PEUPLE signoit, *sans hésiter*, l'engagement de maintenir la république. Ainsi, il ne faut que 365 jours au plus, pour changer, dans le cœur de ce souverain, *la haine* ou *l'indifférence* en *ardeur infinie*.

(2) Remarquez bien !

Le Parlement, dont les fonctions étoient sur le point d'expirer, avait bien fait une loi pour interdire au peuple la faculté d'élire certaines personnes à la prochaine assemblée, p. 365; car il sentoit bien que, dans les circonstances actuelles, convoquer librement la nation, c'étoit rappeler le Roi, p. 361. Mais le peuple se moqua de la loi, et nomma les députés qui lui convinrent, p. 365.

Telle étoit la disposition générale des esprits, lorsque.....

Cætera DESIDERANTUR.

POST SCRIPTUM.

La nouvelle édition de cet ouvrage (1) touchoit à sa fin, lorsque des Français, dignes d'une entière confiance, m'ont assuré que le livre du *Développement des vrais principes,* etc., que j'ai cité dans le chap. VIII, contient des maximes que le Roi n'approuve point.

» Les magistrats, me disent-ils, auteurs du
» livre en question, réduisent nos états-géné-
» raux à la faculté de faire des doléances,
» et attribuent aux parlemens le droit exclu-
» sif de vérifier les lois, celles mêmes qui ont
» été rendues sur la demande des états; c'est-
» à-dire qu'ils élèvent la magistrature au
» dessus de la nation. »

J'avoue que je n'ai point aperçu cette erreur monstrueuse dans l'ouvrage des magistrats français (qui n'est plus à ma disposition); elle

---

(1) C'est la troisième en cinq mois, en comptant la contrefaçon française qui vient de paroître. Celle-ci a copié fidèlement les innombrables fautes de la première, et en a ajouté d'autres. (*Note de l'édit. de* 1821.)

me paroît même exclue par quelques textes de cet ouvrage, cités aux pages 128 et 129 du mien; et l'on a pu voir, dans la note de la page 135 : que le livre dont il s'agit a fait naître des objections d'un tout autre genre.

Si, comme on me l'assure, les auteurs se sont écartés des vrais principes sur les droits légitimes de la nation française, je ne m'étonnerois point que leur travail, plein d'ailleurs d'excellentes choses, eût alarmé le Roi; car les personnes mêmes qui n'ont point l'honneur de le connoître, savent, par une foule de témoignages irrécusables, que ces droits sacrés n'ont pas de partisans plus loyal que lui, et qu'on ne pourroit l'offenser plus sensiblement qu'en lui prêtant des systèmes contraires.

Je répète que je n'ai lu le livre du *Développement*, etc. dans aucune vue systématique. Séparé de mes livres depuis long-temps; obligé d'employer, non ceux que je cherchois, mais ceux que je trouvois; réduit même à citer souvent de mémoire ou sur des notes prises anciennement, j'avois besoin d'un recueil de cette nature pour rassembler mes idées. Il me fut indiqué (je dois le dire) par le mal qu'en disoient les ennemis de la royauté ; mais s'il contient des erreurs qui m'ont échappé, je les désavoue sincèrement. Etranger à tous les systèmes, à tous les partis, à toutes les haines, par caractère, par réflexion, par position, je serai assurément très-satisfait de tout lecteur qui me lira avec des intentions aussi pures que celles qui ont dicté mon ouvrage.

Si je voulois, au reste, examiner la nature des différens pouvoirs dont se composoit l'ancienne constitution française; si je voulois remonter à la source des équivoques, et présenter des idées claires sur l'essence, les fonctions, les droits, les griefs et les torts des parlemens, je sortirois des bornes d'un *post-scriptum*, même de celles de mon ouvrage; et je ferois d'ailleurs une chose parfaitement inutile. Si la nation française revient à son Roi, comme tout ami de l'ordre doit le désirer, et si elle a des assemblées nationales régulières, les pouvoirs quelconques viendront naturellement se ranger à leur place, sans contradiction et sans secousse. Dans toutes les suppositions, les prétentions exagérées des parlemens, les discussions et les querelles qu'elles ont fait naître, me paroissent appartenir entièrement à l'histoire ancienne.

FIN.

TABLE

DES

CHAPITRES CONTENUS DANS CE VOLUME.

Chap. I.er Des Révolutions, Pag. 1
Chap. II. Conjectures sur les voies de la Providence dans la révolution française, 10
Chap. III. De la destruction violente de l'espèce humaine, 36
Chap. IV. La république française peut-elle durer ? 52
Chap. V. De la révolution française considérée dans son caractère anti-religieux. — Digression sur le christianisme, 70
Chap. VI. De l'influence divine dans les constitutions politiques, 85
Chap. VII. Signes de nullité dans le gouvernement français, 96
Chap. VIII. De l'ancienne constitution française. — Digression sur le Roi et sur sa déclaration aux Français, du mois de juillet 1795, 112

Chap.	IX. Comment se fera la contre-révolution, si elle arrive,	142
Chap.	X. Des prétendus dangers d'une contre-révolution,	152
	§ I.ᵉʳ Considérations générales,	Ib.
	§ II. Des biens nationaux,	174
	§ III. Des vengeances,	177
Chap.	XI. Fragment d'une histoire de la révolution française, par *David Hume*,	200
	Post-Scriptum,	232

FIN DE LA TABLE.

www.ingramcontent.com/pod-product-compliance
Lightning Source LLC
Chambersburg PA
CBHW070655170426
43200CB00010B/2249